Lectura Corporal Revelada
Controlando Verdades, Descubriendo Mentiras

Naomi Klein

Título original: *Body Language Revealed – Controlling Truths, Uncovering Lies*

Copyright © 2023/ 2025, publicado por Luiz Antonio dos Santos ME.

Este libro es una obra de no ficción que explora prácticas y conceptos en el campo del desarrollo personal y la comunicación no verbal. A través de un enfoque integral, la autora ofrece herramientas prácticas para interpretar el lenguaje corporal, comprender emociones ocultas y mejorar las interacciones humanas con autenticidad y eficacia.

Primera edición
Equipo de producción
Autor: Naomi Klein
Editor: Luiz Santos
Portada: Studios Booklas / *Áurea Visual*
Consultor: *Esteban Carrillo*
Investigadores: *Marta Rojas, Elías Navarro, Carmen Vélez*
Maquetación: *Julia Fontana*
Traducción: *Rafael Montenegro*

Publicación e Identificación
Lectura Corporal Revelada
Booklas, 2025
Categorías: Desarrollo Personal / Comunicación
DDC: 153.69 – **CDU:** 159.942.2

Todos los derechos reservados a:
Luiz Antonio dos Santos ME / Booklas
Ninguna parte de este libro puede ser reproducida, almacenada en un sistema de recuperación o transmitida por cualquier medio — electrónico, mecánico, fotocopia, grabación u otro— sin la autorización previa y expresa del titular de los derechos de autor.

Contenido

Índice Sistemático 5
Prólogo 9
Capítulo 1 Comunicación Silenciosa 12
Capítulo 2 Observación Activa 18
Capítulo 3 Importancia del Contexto 23
Capítulo 4 Postura Corporal 28
Capítulo 5 Gestos Comunes 34
Capítulo 6 Expresiones Faciales 39
Capítulo 7 Contacto Visual 45
Capítulo 8 Tono de Voz 51
Capítulo 9 Espacio Personal 57
Capítulo 10 El Contacto Social 62
Capítulo 11 Comunicación Congruente 67
Capítulo 12 Línea Base 72
Capítulo 13 Diferencias Culturales 78
Capítulo 14 Diferencias Individuales 84
Capítulo 15 Técnica del Espejo 91
Capítulo 16 Señales Positivas 97
Capítulo 17 Señales Negativas 104
Capítulo 18 Emociones y Cuerpo 111
Capítulo 19 Autocontrol Corporal 118
Capítulo 20 Expresar Confianza 124
Capítulo 21 Influencia Positiva 131
Capítulo 22 Señales de Mentira 138

Capítulo 23 Microexpresiones Faciales 144
Capítulo 24 Disimulación y Ocultación 150
Capítulo 25 Detección de Mentiras 156
Capítulo 26 Interpretación Cautelosa 162
Capítulo 27 Práctica Diaria 169
Capítulo 28 Vida Profesional 176
Capítulo 29 Vida Social 183
Capítulo 30 El Lenguaje del Líder 190
Capítulo 31 Crecimiento Continuo 197
Epílogo 204

Índice Sistemático

Capítulo 1: Comunicación Silenciosa - Introduce la comunicación no verbal y su importancia fundamental en las interacciones humanas.

Capítulo 2: Observación Activa - Describe la importancia de observar activamente para percibir matices en el lenguaje corporal.

Capítulo 3: Importancia del Contexto - Enfatiza cómo el contexto cultural, social y emocional afecta la interpretación del lenguaje corporal.

Capítulo 4: Postura Corporal - Analiza cómo la postura del cuerpo revela confianza, inseguridad e intenciones.

Capítulo 5: Gestos Comunes - Explora el significado de gestos comunes con manos, brazos y cabeza.

Capítulo 6: Expresiones Faciales - Detalla las siete emociones universales y cómo se manifiestan en el rostro.

Capítulo 7: Contacto Visual - Aborda cómo la duración y dirección del contacto visual comunican intenciones y emociones.

Capítulo 8: Tono de Voz - Explica cómo el volumen, ritmo y entonación de la voz revelan estados emocionales.

Capítulo 9: Espacio Personal - Define las zonas de espacio personal y su variación cultural e individual.

Capítulo 10: El Contacto Social - Analiza el impacto del contacto físico en la comunicación y sus variaciones culturales.

Capítulo 11: Comunicación Congruente - Explora las microexpresiones como reveladoras de emociones auténticas y clave para la comunicación congruente.

Capítulo 12: Línea Base - Introduce el concepto de línea base conductual como referencia para interpretar cambios.

Capítulo 13: Diferencias Culturales - Detalla cómo gestos, espacio personal y contacto visual varían entre culturas.

Capítulo 14: Diferencias Individuales - Explica cómo la personalidad, edad y experiencias influyen en el lenguaje corporal individual.

Capítulo 15: Técnica del Espejo - Describe la técnica del espejo (mirroring) para crear sintonía y rapport.

Capítulo 16: Señales Positivas - Identifica gestos y posturas que indican apertura, interés y conexión.

Capítulo 17: Señales Negativas - Enumera señales corporales que revelan incomodidad, desinterés u hostilidad.

Capítulo 18: Emociones y Cuerpo - Explora la conexión directa entre las emociones y sus manifestaciones corporales.

Capítulo 19: Autocontrol Corporal - Enseña a controlar el propio lenguaje corporal para transmitir confianza y claridad.

Capítulo 20: Expresar Confianza - Detalla cómo usar la postura, gestos y voz para proyectar confianza.

Capítulo 21: Influencia Positiva - Describe cómo usar el lenguaje corporal para influir positivamente y construir relaciones.

Capítulo 22: Señales de Mentira - Analiza posibles señales corporales y vocales asociadas a la mentira y el disimulo.

Capítulo 23: Microexpresiones Faciales - Profundiza en las microexpresiones faciales como reveladoras involuntarias de emociones reales.

Capítulo 24: Disimulación y Ocultación - Aborda las técnicas de ocultación de información y las señales verbales y no verbales asociadas.

Capítulo 25: Detección de Mentiras - Resume el enfoque holístico para la detección de mentiras, combinando múltiples señales y contexto.

Capítulo 26: Interpretación Cautelosa - Advierte sobre los peligros de la generalización y enfatiza la necesidad de interpretar con cautela y contexto.

Capítulo 27: Práctica Diaria - Ofrece estrategias y ejercicios para practicar y mejorar la lectura del lenguaje corporal diariamente.

Capítulo 28: Vida Profesional - Aplica los principios del lenguaje corporal al éxito en entrevistas, liderazgo y negociaciones.

Capítulo 29: Vida Social - Explora el uso del lenguaje corporal para mejorar las interacciones sociales y relaciones personales.

Capítulo 30: El Lenguaje del Líder - Analiza cómo los líderes utilizan el lenguaje corporal para inspirar, conectar y gestionar equipos.

Capítulo 31: Crecimiento Continuo - Destaca la importancia del aprendizaje y la práctica continuos para dominar la lectura corporal.

Prólogo

Existe un idioma secreto, hablado por todos, comprendido por pocos e ignorado por la mayoría. Un idioma que antecede a la palabra, atraviesa culturas, trasciende fronteras y revela más de lo que cualquier discurso podría expresar. Un idioma que ya dominas —incluso sin saberlo— y al que, a partir de este momento, podrás acceder de forma consciente, transformando radicalmente la manera en que percibes el mundo y te conectas con las personas a tu alrededor.

Estás a punto de iniciar un viaje silencioso —pero ensordecedor en sus revelaciones. Una inmersión profunda en una sabiduría ancestral olvidada y, al mismo tiempo, respaldada por descubrimientos modernos y evidencias científicas. Este libro no es solo una lectura: es un espejo. Un espejo que refleja lo que muchos intentan esconder, que revela lo que el lenguaje oculta y que desnuda intenciones con una precisión casi inquietante.

Al pasar las próximas páginas, descubrirás que el cuerpo nunca miente. Que cada gesto, cada microexpresión, cada inclinación sutil, cada silencio e incluso el espacio que ocupamos junto a alguien, es una confesión no verbal —una verdad cruda e irrefrenable que clama a quien esté atento.

Permítete acceder a un nuevo nivel de percepción. Este contenido despierta en ti una habilidad casi olvidada, adormecida bajo capas de distracciones cotidianas. Aquí, serás invitado a observar el mundo tal como es realmente —no como las palabras dicen que es.

Siente la pulsación del subtexto en la mirada de un desconocido. Descifra el verdadero sentimiento detrás de una sonrisa aparentemente cordial. Reconoce la presencia de miedo, confianza, deseo, ira o engaño incluso antes de que se emita cualquier sonido. Esto no es intuición mágica; es ciencia aliada a la sensibilidad. Es conocimiento refinado, cuidadosamente estructurado para que cualquier persona, con práctica y atención, pueda volverse fluida en el lenguaje oculto del cuerpo humano.

Cada capítulo de este libro ha sido construido sobre la base de observaciones reales, estudios de comportamiento, análisis interculturales y prácticas diarias de interacción humana. Pero más que teoría, lo que encontrarás aquí son llaves —llaves que desbloquean puertas internas, que abren pasajes hacia conexiones más auténticas, influencias más efectivas y decisiones más conscientes.

Al dominar esta lectura silenciosa, te convertirás en más que un observador atento. Te convertirás en un estratega de la presencia. Alguien que entiende lo no dicho, que siente lo no mostrado, que percibe incluso antes de que la conciencia del otro capte su propia emoción. Esto no es solo poder —es responsabilidad.

Prepárate para reconocer las señales de mentira con una claridad desconcertante. Para identificar quién está en sintonía contigo, quién está incómodo, quién está intentando manipular, esconder o disimular. Pero también prepárate para verte a ti mismo. Porque al aprender a leer al otro, inevitablemente aprenderás a leerte a ti mismo. Y esa quizás sea la más poderosa de todas las revelaciones contenidas en este libro.

Aprenderás, por ejemplo, que tu propio cuerpo puede ser moldeado para expresar confianza incluso en momentos de duda. Que tu postura puede influir en tu estado emocional y que pequeños ajustes en tu lenguaje corporal pueden redefinir cómo te percibe el mundo. La comunicación no verbal no trata solo sobre los demás — es también un portal de autotransformación.

Este libro es como un mapa. Un mapa para quien desea navegar por territorios complejos como relaciones, negociaciones, entrevistas, liderazgos, conversaciones difíciles e incluso silencios incómodos. Es una brújula para quien se niega a ser engañado por palabras ensayadas o gestos artificiales. Es un faro para quien quiere iluminar las intenciones humanas más profundas, incluidas las propias.

No te engañes: al final de este viaje, ya no serás el mismo. Tus ojos verán más allá de la superficie. Tu escucha se volverá más atenta. Tus relaciones ganarán un nuevo nivel de profundidad. Pero sobre todo, tu comprensión de la verdad —de tu verdad y de la verdad ajena— se ampliará como nunca antes.

Esta es la invitación que te hago: descubre lo que está más allá de lo obvio, despierta una nueva forma de ver el mundo y permítete sumergirte en una lectura que no solo informa, sino que transforma.

Luiz Santos Editor

Capítulo 1
Comunicación Silenciosa

La comunicación no verbal desempeña un papel esencial en la forma en que nos conectamos, interpretamos intenciones y comprendemos los mensajes ocultos en el comportamiento humano. Cuando hablamos de lenguaje corporal, nos referimos a un sistema complejo de señales que va más allá de las palabras y se manifiesta a través de expresiones faciales, gestos, postura, movimiento ocular, tono de voz e incluso la forma en que una persona se posiciona en un entorno.

Estudios demuestran que aproximadamente el 55% de la comunicación humana ocurre a través de expresiones faciales y gestos, el 38% está relacionado con el tono de voz y solo el 7% corresponde a las palabras propiamente dichas. Esto significa que, a menudo, la información más auténtica y significativa no se transmite a través del habla, sino mediante las sutiles señales del cuerpo. La habilidad de interpretar esta comunicación silenciosa no solo mejora la forma en que interactuamos socialmente, sino que también amplía nuestra percepción sobre la verdad detrás de las palabras dichas.

Desde el momento en que nos encontramos con alguien, nuestra mente capta y procesa diversos estímulos no verbales que nos ayudan a formar impresiones instantáneas sobre esa persona. Estas señales son percibidas a menudo de manera inconsciente, pero ejercen una gran influencia sobre nuestras decisiones y sentimientos hacia el otro. El primer contacto visual, la inclinación del cuerpo, la rigidez de los hombros e incluso el ritmo de la respiración revelan aspectos fundamentales del estado emocional y de las intenciones de un individuo.

Los expertos en comportamiento humano analizan la comunicación no verbal como un conjunto de códigos que pueden ser descifrados cuando se observan de manera sistemática y contextualizada. No se trata solo de identificar un gesto aislado y atribuirle un significado fijo, sino de entender la congruencia entre múltiples señales, evaluar el contexto de la interacción y percibir si existe armonía entre las palabras dichas y el comportamiento demostrado. Cuando hay una discrepancia entre lo que se dice y lo que expresa el cuerpo, la tendencia es que el cuerpo revele la verdadera intención.

La postura corporal es uno de los primeros aspectos observados en cualquier interacción. Las personas que se sientan o permanecen de pie con una postura erguida, pero relajada, transmiten autoconfianza y receptividad. Por el contrario, una postura encogida o curvada puede indicar inseguridad, incomodidad o desinterés. Pequeños ajustes en la forma de posicionar el cuerpo pueden alterar significativamente la percepción que los demás tienen sobre alguien.

Los gestos desempeñan un papel fundamental en la comunicación silenciosa, complementando y enfatizando las palabras habladas. Movimientos de manos abiertos y hacia arriba generalmente indican sinceridad y apertura, mientras que gestos cerrados y retraídos pueden sugerir resistencia o falta de transparencia. Además, gestos excesivamente controlados o forzados pueden percibirse como señales de nerviosismo o intento de ocultar información.

Las expresiones faciales son una de las formas más poderosas de comunicación no verbal, ya que reflejan emociones de manera involuntaria y espontánea. El rostro humano posee una compleja red de músculos que posibilita la manifestación de sentimientos genuinos. El movimiento de las cejas, la contracción de los músculos alrededor de la boca y la tensión en la frente son indicativos valiosos de las emociones subyacentes a una interacción. Una sonrisa verdadera, por ejemplo, involucra no solo los labios, sino también los músculos alrededor de los ojos, mientras que una sonrisa falsa puede identificarse por la falta de esa activación muscular.

Otro elemento esencial de la comunicación silenciosa es el contacto visual. Los ojos son frecuentemente llamados el "espejo del alma" por su capacidad de revelar sentimientos e intenciones. Mantener un contacto visual firme y equilibrado demuestra interés y seguridad, mientras que evitar mirar directamente puede indicar timidez, incomodidad o incluso engaño. Sin embargo, es importante considerar las diferencias culturales e individuales, ya que algunas personas pueden desviar la mirada como parte de su patrón natural de comportamiento.

El espacio personal también comunica mensajes importantes sobre el nivel de comodidad y la relación entre los interlocutores. La proximidad física entre dos personas puede indicar intimidad y confianza, mientras que mantener una distancia mayor puede sugerir formalidad o reserva. La variación de la distancia interpersonal está influenciada por factores culturales y sociales, y respetar estos límites es fundamental para establecer una comunicación eficaz y respetuosa.

El tono de voz y el ritmo del habla son aspectos frecuentemente descuidados en la comunicación no verbal, pero ejercen un gran impacto sobre la forma en que se recibe un mensaje. Un tono de voz calmado y pausado puede transmitir tranquilidad y credibilidad, mientras que un habla acelerada y con variaciones bruscas puede indicar ansiedad o nerviosismo. La forma en que se articulan las palabras y el uso de pausas estratégicas también contribuyen a la claridad y persuasión del discurso.

A lo largo de este libro, exploraremos en profundidad cada uno de estos elementos del lenguaje corporal, enseñando cómo identificar patrones de comportamiento, interpretar gestos y expresiones faciales, y aplicar este conocimiento en el día a día para mejorar la comunicación interpersonal. El dominio de la comunicación silenciosa permite no solo entender mejor a los demás, sino también perfeccionar la propia forma de expresarse, haciendo las interacciones más auténticas y eficaces.

La comunicación no verbal no es solo un complemento del habla, sino, a menudo, el principal vehículo para transmitir emociones e intenciones genuinas. El desafío radica en desarrollar la sensibilidad necesaria para interpretar estas señales de forma precisa, sin caer en generalizaciones precipitadas. Cada gesto, mirada o postura debe ser analizado en conjunto con otros elementos del contexto, teniendo en cuenta variables como la cultura, la personalidad y las circunstancias específicas de la interacción. Cuando esta lectura se realiza con atención y discernimiento, se vuelve posible acceder a capas más profundas de la comunicación humana, a menudo inaccesibles a través de las palabras.

Además de perfeccionar las interacciones interpersonales, la comprensión del lenguaje corporal tiene implicaciones directas en diversas áreas de la vida, desde negociaciones y entrevistas de trabajo hasta relaciones personales y liderazgo. Las personas que dominan la comunicación silenciosa logran transmitir confianza, empatía y autenticidad con mayor facilidad, consiguiendo conexiones más genuinas y eficaces. Del mismo modo, esta habilidad permite identificar incongruencias entre discurso y comportamiento, favoreciendo una percepción más aguda de las verdaderas intenciones detrás de las interacciones.

Al comprender la importancia de la comunicación no verbal y su impacto en la construcción de las relaciones humanas, se abre un camino hacia un diálogo más consciente y significativo. El cuerpo habla de forma espontánea, revelando verdades que a menudo intentamos esconder con palabras. Aprender a escucharlo e interpretarlo con precisión es un paso esencial para desarrollar una comunicación más clara, empática y poderosa.

Capítulo 2
Observación Activa

Observar activamente es la clave para comprender la comunicación no verbal con precisión. Muchas veces, las personas creen que ya prestan atención a lo que sucede a su alrededor, pero la realidad es que gran parte de las interacciones cotidianas ocurren en piloto automático. El cerebro humano filtra una cantidad inmensa de información a cada segundo, y eso hace que muchos detalles importantes pasen desapercibidos. Desarrollar la habilidad de observación activa significa entrenar la mirada para percibir matices que antes pasaban inadvertidos, convirtiendo la lectura corporal en una herramienta real para interpretar intenciones y emociones con más claridad.

La primera etapa del proceso es ralentizar la percepción y dirigir la atención hacia los detalles que componen el comportamiento humano. Esto incluye observar la alineación corporal, la sincronía entre gestos y palabras, las microexpresiones faciales e incluso la forma en que alguien se mueve en un entorno. Una buena observación no se trata solo de mirar, sino de realmente ver. Quien observa de manera activa no solo registra información visual, sino que también establece conexiones entre las señales percibidas y el contexto de la situación.

La mente humana tiende a llenar vacíos con suposiciones basadas en experiencias previas, lo que puede llevar a interpretaciones erróneas si la observación no se realiza con precisión. Para evitar sesgos, es fundamental desarrollar un enfoque libre de juicios apresurados. La observación activa exige mantener la neutralidad, permitiendo que las señales no verbales hablen por sí mismas antes de atribuirles un significado definitivo. Una persona puede parecer nerviosa porque está mintiendo, pero también puede mostrar las mismas señales por estar bajo presión o ansiosa en determinada situación.

La observación activa implica el concepto de línea base, que corresponde al comportamiento natural de un individuo cuando está relajado y sin la influencia de factores externos. Antes de interpretar cambios en el lenguaje corporal, es esencial conocer cómo se comporta normalmente la persona. Esto significa observar patrones de postura, gestos recurrentes, expresiones habituales e incluso patrones de habla. Solo cuando se identifica una desviación de este comportamiento estándar es posible inferir que algo ha cambiado y, por lo tanto, merece un análisis más profundo.

El entorno y la dinámica del contexto también desempeñan un papel fundamental en la interpretación de la comunicación no verbal. La manera en que alguien se comporta en un ambiente formal puede ser diferente de cómo actúa en un contexto relajado. El nivel de comodidad o incomodidad de una persona puede reflejarse en la forma en que posiciona su cuerpo, en el ritmo de su habla o en la dirección de su mirada. Un cambio repentino en la postura puede indicar una reacción a algo dicho o a un estímulo externo, y corresponde al observador activo percibir esa transición y entender qué pudo haberla causado.

La escucha activa complementa la observación activa, ya que la comunicación no verbal no ocurre de forma aislada de la comunicación verbal. El tono de voz, las pausas en el habla y el énfasis en ciertas palabras son pistas importantes que ayudan a reforzar o contradecir los mensajes expresados por el cuerpo. La sincronía entre lo que se dice y la forma en que el cuerpo se comporta es uno de los principales indicadores de autenticidad en la comunicación. Cuando hay inconsistencias, el observador atento puede notar señales de incomodidad o vacilación.

La práctica continua es esencial para desarrollar esta habilidad de manera eficaz. Entrenar la mirada para captar detalles sutiles exige paciencia y disciplina, pero los resultados compensan. Una forma eficaz de practicar es observar interacciones en lugares públicos, como cafés, aeropuertos o reuniones sociales, analizando cómo se expresan las personas sin necesidad de escuchar sus conversaciones. Esto permite entrenar la percepción de gestos, expresiones faciales y postura sin la interferencia del contenido verbal.

Otro ejercicio valioso es ver vídeos de entrevistas y discursos sin sonido, intentando interpretar las emociones e intenciones de los participantes basándose únicamente en su lenguaje corporal. Luego, al activar el audio, se puede verificar si la percepción inicial era correcta o si hubo algo que pasó desapercibido. Este tipo de práctica ayuda a refinar la sensibilidad para captar señales no verbales con mayor precisión.

Observar activamente no significa solo percibir las señales ajenas, sino también volverse más consciente del propio lenguaje corporal. Muchas veces, las personas no se dan cuenta de cómo sus propios gestos y posturas influyen en la forma en que son interpretadas por los demás. Desarrollar esta percepción permite ajustes conscientes para proyectar una imagen más alineada con la intención comunicativa.

La verdadera maestría en la observación activa no reside solo en captar señales aisladas, sino en conectar los puntos de manera holística, considerando el conjunto completo de elementos presentes en una interacción. Una mirada desviada puede indicar desinterés, pero también puede reflejar timidez o reflexión profunda. Cruzar los brazos puede señalar resistencia, pero también puede ser simplemente una posición cómoda para el individuo. Por eso, el observador atento no se limita a interpretaciones superficiales, sino que busca entender la coherencia entre gestos, expresiones y contexto, transformando la observación en una herramienta poderosa de comprensión interpersonal.

Además, la observación activa va más allá del simple reconocimiento de patrones y se convierte en un diferenciador significativo en la forma en que nos relacionamos con los demás. Al perfeccionar esta habilidad, desarrollamos mayor empatía y percepción de las necesidades ajenas, siendo capaces de ajustar nuestra propia comunicación para crear interacciones más fluidas y eficaces. Este nivel de atención nos permite anticipar reacciones, comprender emociones no verbalizadas e incluso evitar conflictos innecesarios. De esta forma, la observación deja de ser un proceso pasivo y se transforma en un mecanismo estratégico de conexión e influencia.

El desarrollo de esta capacidad no ocurre de manera instantánea, sino a través de la práctica consciente y el refinamiento continuo de la percepción. Cuanto más entrenamos nuestra atención en los detalles sutiles de la comunicación humana, más preciso se vuelve nuestro entendimiento sobre el comportamiento de las personas a nuestro alrededor. Al final, la observación activa no es solo una técnica, sino una verdadera invitación a ver el mundo desde una nueva perspectiva, donde cada gesto, mirada y postura cuenta una historia que merece ser escuchada.

Capítulo 3
Importancia del Contexto

Interpretar correctamente el lenguaje corporal exige más que el simple reconocimiento de gestos y expresiones aisladas. El contexto en el que estas señales se producen juega un papel fundamental en el análisis de la comunicación no verbal. Sin tener en cuenta el entorno, las circunstancias y el estado emocional del individuo, se corre el riesgo de interpretar erróneamente las señales observadas. La importancia del contexto es uno de los principios esenciales para una lectura corporal eficaz y debe comprenderse antes de realizar cualquier análisis.

El primer factor a considerar en el contexto de la comunicación no verbal es el entorno. La forma en que una persona se comporta en un lugar de trabajo puede ser completamente diferente de cómo actúa en una reunión entre amigos. El mismo gesto puede tener significados distintos dependiendo del escenario. Los brazos cruzados en una conversación casual pueden indicar simplemente relajación, mientras que en una discusión acalorada pueden señalar resistencia o cierre emocional. Del mismo modo, una sonrisa puede ser un gesto amistoso y genuino o simplemente un reflejo social de cortesía sin una implicación emocional real.

La cultura también influye fuertemente en la manera en que el lenguaje corporal se manifiesta y es interpretado. Gestos que son considerados positivos en una cultura pueden ser ofensivos en otra. Por ejemplo, la señal de "ok" hecha con los dedos pulgar e índice formando un círculo puede significar aprobación en algunas regiones, pero en ciertos países puede interpretarse de manera negativa. La misma regla se aplica al contacto visual. En algunas culturas occidentales, mantener la mirada firme es una señal de confianza y respeto, mientras que en otras, evitar el contacto visual puede ser un gesto de humildad o respeto a la jerarquía.

Otro factor que afecta la lectura corporal es el estado emocional de la persona observada. Cuando alguien está bajo estrés, ansiedad o fatiga, su lenguaje corporal puede presentar señales que, en otras circunstancias, podrían interpretarse de forma equivocada. Una persona inquieta, que mueve constantemente los pies o se frota las manos, puede estar simplemente nerviosa debido a un entorno desconocido y no necesariamente estar ocultando algo o mintiendo. Del mismo modo, la falta de contacto visual puede no ser una señal de disimulo, sino de timidez o incomodidad social.

La relación entre las personas involucradas también afecta la interpretación del lenguaje corporal. Dos personas que tienen un vínculo cercano suelen exhibir posturas más relajadas y gestos de confianza mutua, como inclinaciones sutiles del cuerpo y contacto visual prolongado. Por otro lado, en interacciones formales o con una jerarquía establecida, el lenguaje corporal tiende a ser más contenido y controlado. La posición de poder dentro de una interacción también puede influir en los gestos observados. Alguien en posición de liderazgo puede mostrar gestos más expansivos y posturas abiertas, mientras que los subordinados pueden adoptar posturas más cerradas y gestos discretos.

Las circunstancias momentáneas y los factores externos deben tenerse en cuenta antes de atribuir un significado definitivo a cualquier gesto o expresión. Por ejemplo, una persona puede parecer tensa y retraída porque está enfrentando un problema personal, y no porque esté incómoda con la conversación. Del mismo modo, un cambio repentino en la postura puede ser solo un intento de aliviar una molestia física, y no una reacción emocional. El observador atento debe ser consciente de estas variables y buscar patrones consistentes antes de hacer cualquier interpretación.

Para que el análisis del lenguaje corporal sea más preciso, es importante identificar la línea base del comportamiento de cada persona. Cada individuo tiene un conjunto propio de gestos y expresiones que realiza de forma natural. Antes de interpretar un cambio de comportamiento como una señal significativa, es necesario tener una referencia de cómo actúa esa persona normalmente. Una alteración brusca en su lenguaje corporal puede indicar que algo ha cambiado, pero sin la línea base, este cambio puede interpretarse erróneamente.

La sincronía entre la comunicación verbal y la no verbal también debe evaluarse en el contexto de una interacción. Cuando hay coherencia entre las palabras dichas y los gestos observados, el mensaje se vuelve más claro y confiable. Sin embargo, cuando hay una discrepancia entre lo que se dice y lo que se demuestra con el cuerpo, esta incongruencia puede indicar sentimientos ocultos o falta de sinceridad. Una sonrisa acompañada de ojos tensos y hombros encogidos puede no ser una señal genuina de felicidad, sino un intento de ocultar incomodidad o ansiedad.

La aplicación de este conocimiento en la vida cotidiana permite que la lectura corporal se vuelva más refinada y útil. En interacciones sociales, considerar el contexto ayuda a evitar malentendidos y juicios precipitados. En entornos profesionales, el análisis contextual de la comunicación no verbal puede ayudar en la interpretación de reacciones sutiles, mejorando la toma de decisiones y la gestión de las relaciones interpersonales. En situaciones de negociación, comprender el impacto del contexto puede proporcionar percepciones valiosas sobre el estado emocional y las intenciones de la otra parte.

El análisis eficaz del lenguaje corporal exige no solo sensibilidad para captar señales, sino también discernimiento para interpretarlas de manera contextualizada. Un gesto aislado no puede tomarse como evidencia absoluta de un estado emocional o intención; es necesario considerar la suma de los elementos circundantes. La postura corporal, el tono de voz y las expresiones faciales solo pueden comprenderse plenamente cuando se analizan dentro del entorno en el que ocurren. De esta forma, la lectura de la comunicación no verbal se transforma en una herramienta precisa y sofisticada, permitiendo interpretaciones más fieles a la realidad.

Además, la atención al contexto proporciona una ventaja significativa en la construcción de interacciones más auténticas y eficaces. Cuando se comprende que un comportamiento puede variar según la cultura, el entorno o el estado emocional del individuo, se evitan conclusiones precipitadas y juicios erróneos. Este enfoque favorece una comunicación más empática y estratégica, ya que permite ajustar el propio lenguaje corporal para crear un ambiente de mayor sintonía y conexión. El dominio de este conocimiento se refleja tanto en la vida personal como en el entorno profesional, ampliando la capacidad de relacionarse e influir positivamente en los demás.

Al reconocer la importancia del contexto en la lectura del lenguaje corporal, se abre un nuevo horizonte en la forma de comprender el comportamiento humano. Cada gesto, mirada o expresión conlleva significados que van más allá de la superficie, y la habilidad de interpretar estas señales con precisión se convierte en un diferenciador valioso. El verdadero poder de la comunicación no verbal no reside solo en percibir las señales, sino en saber analizarlas dentro del escenario adecuado, transformando la observación en una herramienta poderosa de entendimiento y conexión.

Capítulo 4
Postura Corporal

La postura corporal es uno de los aspectos más reveladores de la comunicación no verbal. La forma en que una persona se posiciona, la manera en que distribuye el peso del cuerpo y la orientación de sus hombros y cabeza transmiten mensajes claros sobre su estado emocional, nivel de confianza e intención en la interacción. A diferencia de los gestos y microexpresiones, que pueden ser fugaces, la postura es una manifestación continua y, por eso, ofrece información valiosa a quien sabe observarla correctamente.

La primera característica esencial a analizar en la postura corporal es la alineación del cuerpo. Una postura erguida, pero relajada, indica confianza, seguridad y receptividad. Cuando alguien se mantiene de pie o sentado con la columna alineada, los hombros ligeramente hacia atrás y la cabeza erguida, transmite una imagen de autoridad y autocontrol. Este tipo de postura es frecuentemente adoptado por líderes y personas que desean demostrar credibilidad y dominio de la situación.

Por otro lado, una postura encogida, con los hombros caídos y la cabeza inclinada hacia abajo, puede ser un indicativo de inseguridad, miedo o sumisión. Las personas que adoptan esta posición frecuentemente intentan evitar ser notadas, demostrando un comportamiento más reservado o incómodo. Este tipo de postura también puede reflejar tristeza o cansancio, siendo importante correlacionarla con otras señales no verbales y con el contexto de la situación.

La posición de los brazos y las piernas también desempeña un papel fundamental en la comunicación no verbal. Cruzar los brazos puede ser un gesto defensivo o de cierre emocional, especialmente si se combina con un rostro tenso y una postura rígida. Sin embargo, este gesto también puede ser simplemente un hábito o una forma de comodidad. Es importante analizar si la persona mantiene esta postura por largos periodos o si los cruza momentáneamente en respuesta a un estímulo específico.

Mantener los brazos sueltos a los lados del cuerpo, con las manos visibles, es una señal de apertura y disposición para interactuar. Este tipo de postura sugiere que la persona está relajada y accesible, lo que facilita la creación de *rapport* en una conversación. De la misma forma, gestos leves con las manos mientras se habla ayudan a reforzar el mensaje transmitido, haciendo la comunicación más expresiva y dinámica.

La posición de las piernas y los pies puede proporcionar pistas importantes sobre el estado emocional y las intenciones de una persona. Cuando alguien se mantiene con los pies bien apoyados en el suelo y con una distribución equilibrada del peso del cuerpo, sugiere estabilidad y confianza. En contrapartida, balancear constantemente las piernas o cambiar de posición repetidamente puede indicar ansiedad o impaciencia. Un detalle interesante es la dirección hacia la cual apuntan los pies. En interacciones sociales, los pies generalmente se orientan en dirección a la persona de mayor interés. Si, durante una conversación, los pies de alguien están apuntando hacia la salida o hacia otra persona, esto puede indicar un deseo inconsciente de finalizar la interacción o cambiar el foco.

La inclinación del cuerpo también es un indicador poderoso de interés o desinterés. Cuando una persona se inclina ligeramente hacia adelante al escuchar a alguien, demuestra implicación y atención. Este tipo de postura es común en conversaciones animadas e interacciones donde hay una conexión genuina entre los involucrados. Por otro lado, cuando el cuerpo se inclina hacia atrás, puede ser una señal de distanciamiento emocional o incomodidad con el tema abordado. La inclinación hacia los lados, especialmente si va acompañada de una mirada desviada, puede sugerir aburrimiento o desinterés.

Además de los aspectos individuales de la postura, es importante analizar cómo se ajusta al entorno y al contexto de la interacción. En una reunión de negocios, por ejemplo, una postura firme y bien posicionada puede indicar profesionalismo y confianza. En un ambiente más distendido, la postura tiende a ser más relajada e informal. Alguien que mantiene una postura muy rígida en una situación que exige flexibilidad puede ser percibido como tenso o inflexible, mientras que una postura excesivamente relajada en un contexto formal puede transmitir falta de compromiso.

Otro factor relevante en la lectura de la postura corporal es la sincronía entre la postura y las demás señales no verbales. Si alguien está demostrando verbalmente entusiasmo, pero su postura es retraída y tensa, existe una incongruencia que puede indicar que el entusiasmo no es genuino. Por otro lado, cuando la postura está alineada con el discurso, el mensaje transmitido se vuelve más coherente y persuasivo. La congruencia entre postura y habla fortalece la credibilidad y facilita la interpretación de la intención detrás de las palabras.

El impacto de la postura corporal no se limita a la forma en que los demás nos perciben, sino que también influye en la manera en que nos sentimos internamente. Estudios sugieren que adoptar una postura de confianza puede impactar la fisiología del cuerpo, reduciendo los niveles de cortisol (la hormona del estrés) y aumentando la testosterona, que está asociada a la sensación de poder y control. Esto significa que ajustar conscientemente la postura puede ayudar a reforzar sentimientos de seguridad y dominio de una situación. Prácticas como mantener los hombros alineados, la cabeza erguida y ocupar el espacio circundante sin retraimiento pueden contribuir a un estado mental más positivo y asertivo.

Para desarrollar una percepción más aguda de la postura corporal, es recomendable practicar la autoobservación y observar patrones en otras personas. Notar cómo la postura cambia en diferentes circunstancias y cómo afecta la dinámica de la interacción puede proporcionar *insights* valiosos sobre la comunicación no verbal. Además, ajustar conscientemente la propia postura puede mejorar la forma en que somos percibidos por los demás e incluso influir en nuestro propio comportamiento y estado emocional.

La postura corporal, además de ser un reflejo del estado emocional y de la intención comunicativa, tiene un papel dinámico en la interacción social. Pequeños ajustes pueden modificar significativamente la forma en que una persona es percibida y la manera en que se siente en una determinada situación. Estar atento a estas sutilezas permite no solo interpretar mejor a los demás, sino también utilizar la propia postura como una herramienta estratégica para transmitir confianza, accesibilidad o autoridad. El cuerpo, por sí solo, cuenta una historia, y corresponde al observador entrenado aprender a descifrarla sin depender exclusivamente de las palabras.

Al comprender las señales transmitidas por la postura, es posible mejorar la comunicación interpersonal en diversas áreas de la vida. En el entorno profesional, una postura firme y alineada puede ser decisiva para causar una impresión de competencia y liderazgo. En contextos sociales, ajustar la posición del cuerpo de acuerdo con el nivel de comodidad y compromiso deseado puede facilitar conexiones más auténticas. El equilibrio entre expresividad y control corporal es esencial para crear una presencia que inspire respeto y credibilidad, sin parecer forzada o artificial.

Así, el estudio de la postura corporal va más allá de la mera observación pasiva y se convierte en una herramienta valiosa para el autoconocimiento y la interacción humana. Al desarrollar conciencia sobre el propio lenguaje corporal y el de los demás, ampliamos nuestra capacidad de expresarnos de forma clara y eficaz. El cuerpo siempre se comunica, y aprender a utilizar este recurso de manera intencional abre el camino hacia interacciones más asertivas e impactantes, donde los mensajes se transmiten con autenticidad y poder.

Capítulo 5
Gestos Comunes

Los gestos desempeñan un papel fundamental en la comunicación no verbal, complementando y, a menudo, reemplazando las palabras. Son movimientos expresivos de las manos, brazos, cabeza y otras partes del cuerpo que transmiten emociones, intenciones y refuerzan significados. Algunas culturas poseen gestos específicos con significados particulares, mientras que otras comparten gestos universales que pueden ser comprendidos independientemente del idioma hablado. Comprender estas señales es esencial para interpretar correctamente los mensajes que las personas transmiten inconscientemente.

Entre los gestos más comunes en la comunicación humana, destacan aquellos que expresan sinceridad, apertura e interés. Los gestos con las manos abiertas y hacia arriba, por ejemplo, suelen indicar honestidad y disposición para compartir información. Esta es una señal clásica utilizada inconscientemente por personas que desean demostrar transparencia. Por otro lado, las manos cerradas, ocultas en los bolsillos o mantenidas detrás del cuerpo pueden indicar reservas, inseguridad o un intento de ocultar algo.

El movimiento de las manos al hablar es otro aspecto importante a observar. Algunas personas gesticulan naturalmente mientras se comunican, y este tipo de comportamiento se asocia frecuentemente a individuos expresivos y seguros de sí mismos. Los gestos bien sincronizados con el habla ayudan a enfatizar puntos importantes, haciendo la comunicación más atractiva y clara. Cuando hay una ausencia total de gesticulación, puede ser un indicio de inseguridad o tensión. Por otro lado, los gestos excesivos y descoordinados pueden transmitir nerviosismo o un intento de manipulación de la narrativa.

El apretón de manos es uno de los gestos más simbólicos y expresivos dentro de la comunicación no verbal. Un apretón firme y seguro indica confianza, mientras que un apretón débil puede sugerir falta de entusiasmo o inseguridad. Del mismo modo, un apretón de manos excesivamente fuerte puede interpretarse como una señal de dominio o agresividad. La forma en que se realiza este gesto puede impactar significativamente la primera impresión sobre alguien, especialmente en entornos formales y profesionales.

Otro gesto común que transmite implicación y atención es el asentimiento con la cabeza. Cuando una persona asiente levemente con la cabeza mientras escucha a alguien hablar, señala que está siguiendo la conversación y comprendiendo lo que se dice. Este es un comportamiento ampliamente observado en interacciones sociales y profesionales, siendo un indicio de escucha activa y respeto por la comunicación del otro. Sin embargo, los asentimientos excesivos pueden interpretarse como impaciencia o un intento de terminar la conversación rápidamente.

El gesto de señalar, cuando se realiza de forma directa con el dedo índice, puede percibirse como agresivo o autoritario. En muchas culturas, señalar directamente a una persona se considera de mala educación, ya que puede transmitir acusación o imposición. Una alternativa más amigable y respetuosa al señalamiento directo es el uso de la mano abierta, que suaviza la intención y evita crear un ambiente de confrontación.

Las expresiones faciales también pueden considerarse gestos, pues comunican emociones instantáneamente. El acto de fruncir el ceño puede indicar preocupación o confusión, mientras que levantar las cejas momentáneamente sugiere sorpresa o curiosidad. Una sonrisa auténtica, aquella que involucra no solo los labios, sino también los músculos alrededor de los ojos, es uno de los gestos más universales de simpatía y acogida. En cambio, una sonrisa forzada, donde solo los labios se mueven, puede indicar incomodidad o falsedad.

Las manos llevadas al rostro durante una conversación son gestos que pueden indicar diferentes estados emocionales. Tocar ligeramente la barbilla mientras alguien habla puede sugerir reflexión o una evaluación cuidadosa de la información recibida. Por otro lado, cubrirse la boca con la mano puede ser un indicio de un intento de ocultar una opinión o incluso un reflejo inconsciente cuando alguien se siente incómodo con lo que está escuchando o diciendo.

Los gestos repetitivos, como tocarse el cabello constantemente, jugar con objetos o frotarse las manos, pueden revelar estados de ansiedad o nerviosismo. Estos gestos son conocidos como manipuladores o pacificadores, ya que ayudan a la persona a aliviar la tensión interna. Aunque puedan interpretarse como señales de incomodidad, es importante considerar el contexto y la línea de base conductual de la persona antes de sacar conclusiones precipitadas.

Los gestos, además de transmitir emociones e intenciones, también desempeñan un papel importante en la construcción de conexiones interpersonales. La sincronía entre gestos y palabras fortalece la credibilidad de quien se comunica, mientras que las discrepancias entre lo que se dice y lo que se gesticula pueden generar desconfianza. Por ejemplo, una persona que afirma estar tranquila, pero cruza los brazos y evita el contacto visual, puede, en realidad, estar transmitiendo inseguridad o incomodidad. De esta forma, interpretar correctamente los gestos requiere no solo observación, sino también sensibilidad para comprender el contexto y los patrones individuales de comportamiento.

Además, los gestos pueden variar según la cultura y la situación social, haciendo esencial la conciencia intercultural en la comunicación. Un gesto que es amigable en una sociedad puede interpretarse como grosero u ofensivo en otra. El simple acto de señalar "ok" con los dedos, por ejemplo, tiene significados distintos alrededor del mundo, pudiendo representar aprobación en algunos países y un insulto grave en otros. Esta variación destaca la importancia no solo de reconocer los gestos comunes, sino también de comprender sus matices culturales y adaptarse adecuadamente a diferentes contextos.

La comunicación no verbal, representada por los gestos, es una herramienta poderosa que puede reforzar o contradecir lo que se expresa verbalmente. Ya sea para demostrar empatía, fortalecer vínculos o evitar malentendidos, el dominio del lenguaje corporal es un factor diferenciador en la interacción humana. Al comprender los gestos y usarlos de forma consciente, es posible transmitir mensajes con mayor claridad, establecer relaciones más auténticas e interpretar mejor las intenciones de los demás, enriqueciendo la comunicación de manera significativa.

Capítulo 6
Expresiones Faciales

Las expresiones faciales son uno de los elementos más ricos y reveladores de la comunicación no verbal. El rostro humano está compuesto por decenas de músculos que trabajan en conjunto para expresar emociones de manera espontánea y, a menudo, inconsciente. La capacidad de interpretar correctamente estas expresiones es esencial para comprender el estado emocional de una persona y decodificar intenciones ocultas que pueden no expresarse verbalmente.

Los estudios de Paul Ekman sobre microexpresiones faciales demostraron que existen siete emociones universales reconocidas en todas las culturas: felicidad, tristeza, ira, miedo, sorpresa, asco y desprecio. Cada una de estas emociones posee un conjunto característico de movimientos musculares que aparecen en el rostro y pueden identificarse independientemente del origen cultural del individuo. Esta universalidad de la expresión emocional confirma que la lectura del lenguaje facial puede ser una herramienta poderosa para la interpretación del comportamiento humano.

La felicidad, por ejemplo, se expresa mediante una sonrisa auténtica, que involucra tanto los músculos alrededor de la boca como los de los ojos. Este tipo de sonrisa, conocido como sonrisa de Duchenne, es genuina y refleja alegría verdadera. Cuando una sonrisa involucra solo los labios, sin la participación de los músculos alrededor de los ojos, puede ser un indicio de que la emoción expresada no es genuina. Este detalle puede ser crucial para detectar cuándo alguien está fingiendo simpatía o intentando enmascarar sentimientos verdaderos.

La tristeza se manifiesta a través de cejas arqueadas hacia arriba, comisuras de la boca hacia abajo y una mirada perdida o sin brillo. Esta expresión es fácilmente identificable y, a menudo, ocurre involuntariamente, incluso cuando alguien intenta ocultar su vulnerabilidad. La lectura atenta de estas señales puede ayudar a percibir cuándo alguien está sufriendo emocionalmente, aunque verbalmente diga que está bien.

La ira, a su vez, se expresa con cejas fruncidas, ojos ligeramente entrecerrados y tensión en los músculos de la mandíbula. El labio superior puede levantarse sutilmente, exponiendo los dientes, un vestigio evolutivo asociado a la preparación para el ataque. Cuando esta expresión ocurre de forma rápida y sutil, puede indicar irritación momentánea, pero cuando persiste, puede revelar un estado emocional más intenso y potencialmente peligroso.

El miedo se caracteriza por el agrandamiento de los ojos, la elevación de las cejas y los labios ligeramente estirados hacia atrás. Esta expresión está directamente ligada a la respuesta de lucha o huida del cuerpo humano y puede surgir ante situaciones de amenaza real o percibida. El miedo auténtico puede diferenciarse de un miedo fingido por la velocidad con la que la expresión aparece y desaparece en el rostro.

La sorpresa comparte algunas características con el miedo, como el agrandamiento de los ojos y la elevación de las cejas, pero la principal diferencia está en la boca, que generalmente se abre de manera involuntaria. La sorpresa tiende a ser una emoción de corta duración, siendo reemplazada rápidamente por otra expresión conforme la persona procesa el evento inesperado.

El asco se manifiesta por el arrugamiento de la nariz y la elevación del labio superior, como si la persona estuviera reaccionando a un olor desagradable. Esta expresión puede verse tanto en respuestas a estímulos físicos como en reacciones a comportamientos o ideas que una persona considera repulsivas.

El desprecio es una emoción única, ya que es la única de las siete emociones universales que se expresa de forma asimétrica en el rostro. Se manifiesta cuando solo un lado de la boca se eleva ligeramente, transmitiendo una sensación de superioridad o desdén. Este gesto sutil puede indicar juicio o falta de respeto en una interacción y es una de las señales más reveladoras de arrogancia o falta de consideración por otra persona.

Además de estas expresiones básicas, existen microexpresiones que duran fracciones de segundo y pueden revelar sentimientos ocultos antes de que la persona tenga tiempo de controlarlos. Estas microexpresiones son extremadamente difíciles de falsificar, ya que ocurren de manera involuntaria.

Profesionales como agentes de seguridad, psicólogos y negociadores entrenan sus habilidades para captar estas sutilezas y comprender mejor las intenciones de las personas con las que interactúan.

La congruencia entre las expresiones faciales y el resto del lenguaje corporal también es un factor esencial en la lectura de las emociones. Cuando una persona verbaliza un sentimiento, pero su expresión facial sugiere algo diferente, puede haber una discrepancia que merece atención. Por ejemplo, si alguien afirma estar animado, pero su expresión facial parece neutra o tensa, esto puede indicar que la emoción expresada verbalmente no corresponde a lo que la persona realmente siente.

Otro punto importante es el contexto en el que ocurre la expresión facial. El mismo gesto puede tener diferentes interpretaciones dependiendo de la situación. Fruncir el ceño puede indicar concentración en un entorno académico, pero, en un contexto social, puede señalar irritación o confusión. El análisis preciso de las expresiones faciales depende, por lo tanto, de la observación cuidadosa de múltiples factores simultáneamente.

La lectura de las expresiones faciales es una habilidad que puede desarrollarse con práctica. Un ejercicio útil es observar rostros de personas en fotografías o vídeos e intentar identificar las emociones presentes antes de verificar la leyenda o el contexto de la imagen. Otra técnica eficaz es ver películas o entrevistas con el audio apagado, centrándose exclusivamente en las expresiones de los actores o entrevistados para entender sus sentimientos basándose solo en las señales visuales.

Aprender a interpretar expresiones faciales de forma precisa trae innumerables beneficios, tanto en el ámbito personal como profesional. En interacciones sociales, esta habilidad permite una comunicación más empática y asertiva, ayudando a percibir emociones que las palabras pueden ocultar. En el entorno laboral, la capacidad de interpretar microexpresiones puede ser útil en negociaciones, entrevistas y gestión de equipos, proporcionando una lectura más precisa de las intenciones y reacciones de los colegas.

Además de la observación de las expresiones faciales ajenas, la conciencia sobre el propio lenguaje no verbal también es fundamental para una comunicación eficaz. A menudo, sin darse cuenta, una persona puede transmitir inseguridad, desinterés o incluso hostilidad solo por la forma en que expresa sus emociones en el rostro. Ajustar conscientemente la expresión para que esté alineada con el mensaje que se desea transmitir puede mejorar la claridad de la comunicación y evitar interpretaciones equivocadas. Pequeños cambios, como mantener una mirada atenta y una leve sonrisa al escuchar a alguien, pueden marcar una gran diferencia en la construcción de una conexión más positiva y receptiva.

Otro aspecto relevante es el impacto de las expresiones faciales en la regulación emocional. Estudios indican que la simple adopción de una determinada expresión puede influir en el estado emocional de la propia persona. El llamado feedback facial sugiere que sonreír, incluso sin un motivo aparente, puede inducir sensaciones de bienestar, mientras que fruncir el ceño puede intensificar sentimientos de irritación o estrés. Este fenómeno refuerza la idea de que las expresiones faciales no son solo reflejos de las emociones internas, sino también herramientas que pueden modularlas, permitiendo un mayor control emocional en situaciones desafiantes.

El dominio de la lectura y del uso consciente de las expresiones faciales amplía las posibilidades de comunicación, haciendo las interacciones más auténticas y eficaces. Ya sea para comprender mejor los sentimientos de otras personas, transmitir mensajes de forma más clara o incluso regular las propias emociones, esta habilidad es un activo valioso en la vida personal y profesional. Al perfeccionar la percepción sobre las sutilezas del lenguaje facial, es posible establecer relaciones más empáticas, evitar malentendidos y fortalecer la capacidad de conectarse verdaderamente con los demás.

Capítulo 7
Contacto Visual

El contacto visual es uno de los aspectos más poderosos y significativos de la comunicación no verbal. La forma en que una persona sostiene o evita la mirada puede revelar intenciones, emociones e incluso rasgos de personalidad. La mirada tiene un impacto directo en cómo ocurren las interacciones humanas e influye en la manera en que somos percibidos por los demás. Por este motivo, la lectura correcta del contacto visual es esencial para interpretar con precisión los mensajes no verbales transmitidos en cualquier interacción social.

El primer factor a considerar en el análisis del contacto visual es su duración. Las miradas prolongadas suelen indicar interés, atención y compromiso. En un contexto interpersonal positivo, mantener la mirada demuestra respeto y conexión. Sin embargo, cuando se sostiene por tiempo excesivo y sin variaciones, puede interpretarse como un comportamiento intimidatorio o desafiante. Por otro lado, un contacto visual muy breve o constantemente evitado puede sugerir nerviosismo, inseguridad o incluso el deseo de ocultar información. Las personas que desvían la mirada rápidamente durante una conversación pueden sentirse incómodas o estar intentando evitar profundizar en el asunto en cuestión.

Además de la duración, la dirección de la mirada también proporciona pistas valiosas sobre el estado mental y emocional de una persona. Las miradas que se dirigen repetidamente hacia los lados pueden indicar distracción o incomodidad. Cuando una persona mira hacia abajo al hablar, esto puede señalar timidez, sumisión o reflexión. En cambio, una mirada dirigida hacia arriba puede indicar la búsqueda de recuerdos o incluso intentos de formular respuestas más elaboradas. Estas pequeñas variaciones en la mirada son elementos fundamentales en la interpretación del lenguaje corporal y deben analizarse dentro del contexto de la interacción.

El contacto visual no solo refleja emociones, sino que también influye en la dinámica de poder dentro de una conversación. En interacciones jerárquicas, las personas en posición de autoridad tienden a mantener un contacto visual más directo y constante, mientras que los subordinados pueden desviar la mirada como señal de respeto o deferencia. En negociaciones, sostener la mirada de manera firme, pero natural, puede demostrar seguridad y convicción, fortaleciendo la posición del interlocutor. Sin embargo, es importante que el contacto visual sea equilibrado, ya que una mirada muy fija puede generar incomodidad y parecer un gesto de dominación excesiva.

Otro aspecto relevante del contacto visual es su influencia en la percepción de la sinceridad. Estudios indican que las personas tienden a confiar más en individuos que mantienen un contacto visual adecuado durante la conversación. Esto ocurre porque la mirada está asociada a la honestidad y la transparencia. Sin embargo, es un error creer que alguien que evita el contacto visual está, necesariamente, mintiendo. Algunos individuos desvían la mirada por timidez, ansiedad o rasgos de personalidad introvertida. Además, los mentirosos experimentados pueden entrenar su lenguaje corporal para parecer más confiables, manteniendo un contacto visual constante, lo que puede confundir a observadores inexpertos.

Las diferencias culturales también desempeñan un papel importante en la interpretación del contacto visual. En muchas sociedades occidentales, mantener la mirada firme durante una conversación se ve como señal de respeto y confianza. Sin embargo, en algunas culturas orientales, evitar el contacto visual directo con figuras de autoridad puede interpretarse como un gesto de respeto, y no de inseguridad. En ciertas regiones de Oriente Medio y América Latina, el contacto visual puede ser más prolongado e intenso sin que esto represente una invasión del espacio personal. Mientras que en culturas nórdicas, el contacto visual tiende a ser más breve y moderado. Por eso, al interpretar la mirada de alguien, es esencial considerar el contexto cultural para evitar conclusiones equivocadas.

El movimiento de los ojos también puede proporcionar información importante sobre el procesamiento cognitivo de una persona. La Programación Neurolingüística (PNL) sugiere que la dirección de la mirada puede indicar diferentes tipos de pensamiento. Según este enfoque, cuando alguien mira hacia arriba a la derecha, puede estar accediendo a imágenes visuales creadas por la imaginación, mientras que mirar hacia arriba a la izquierda puede indicar recuerdos visuales del pasado. Mirar hacia los lados puede sugerir el acceso a memorias auditivas, y dirigir la mirada hacia abajo puede estar relacionado con emociones y sensaciones internas. Aunque esta teoría no es una ciencia exacta, ofrece un punto de referencia interesante para interpretar el pensamiento a través de la mirada.

La dilatación y contracción de las pupilas son otras variables que pueden indicar el estado emocional de un individuo. Cuando alguien está interesado o emocionalmente involucrado en una conversación, sus pupilas tienden a dilatarse. Este fenómeno ocurre de manera involuntaria y puede ser un fuerte indicador de atracción o entusiasmo. En cambio, las pupilas contraídas pueden indicar incomodidad, irritación o incluso la presencia de luz intensa en el ambiente. Observar estas sutiles alteraciones puede proporcionar perspectivas adicionales sobre las reacciones emocionales de las personas a lo largo de una interacción.

El contacto visual también desempeña un papel crucial en la construcción de conexiones interpersonales. Durante interacciones positivas, existe una tendencia natural al reflejo especular de la mirada (o *mirroring*), donde dos personas sincronizan sus tiempos de contacto visual sin darse cuenta. Este fenómeno crea una sensación de sintonía y conexión mutua. Cuando alguien está emocionalmente comprometido en una conversación, su contacto visual tiende a acompañar el ritmo de la interacción, haciendo la comunicación más fluida y natural.

Aprender a utilizar el contacto visual de forma estratégica puede mejorar significativamente la comunicación interpersonal. Para aquellos que deseen mejorar esta habilidad, se recomienda practicar el equilibrio entre mirar y desviar la mirada naturalmente, sin parecer evasivo o excesivamente intenso. Practicar mantener la mirada al escuchar a alguien hablar puede ayudar a demostrar interés genuino y respeto. En presentaciones o negociaciones, alternar el contacto visual entre los diferentes oyentes puede crear un sentido de inclusión y compromiso.

El dominio del contacto visual va más allá del simple intercambio de miradas; es un componente esencial de la comunicación que influye en la manera en que somos percibidos y comprendidos. Desarrollar la conciencia sobre la propia expresión ocular puede mejorar significativamente las interacciones sociales y profesionales. Ajustar el tiempo y la intensidad del contacto visual según el contexto y la cultura del interlocutor evita incomodidades y establece una conexión más auténtica. Pequeños ajustes, como mantener la mirada firme al transmitir una idea importante o suavizar la intensidad de la mirada para evitar parecer excesivamente dominante, marcan la diferencia en la construcción de una comunicación eficaz.

Además, el contacto visual es una herramienta poderosa para transmitir emociones y crear empatía. En conversaciones emocionales, una mirada sincera puede ofrecer consuelo y demostrar solidaridad sin necesidad de palabras. En momentos de tensión, saber dosificar el contacto visual puede ayudar a mitigar conflictos y evitar confrontaciones innecesarias. Al igual que el lenguaje corporal, la mirada debe utilizarse con equilibrio, respetando el espacio del otro y transmitiendo mensajes coherentes con la intención del discurso. La práctica consciente del contacto visual puede, por lo tanto, hacer las interacciones más fluidas, naturales y atractivas.

Comprender y utilizar el contacto visual de manera estratégica es un factor diferencial para fortalecer las relaciones interpersonales y mejorar la comunicación. Ya sea para transmitir confianza, demostrar interés o crear conexiones más genuinas, la mirada sigue siendo uno de los instrumentos más poderosos de la comunicación humana. Al ajustar y perfeccionar esta habilidad, es posible convertirse en un comunicador más eficaz, capaz de establecer vínculos más profundos e interpretar con precisión las intenciones y emociones de los demás.

Capítulo 8
Tono de Voz

El tono de voz es uno de los aspectos más influyentes de la comunicación no verbal y puede transformar por completo el significado de un mensaje. Más que un mero vehículo para las palabras, la forma en que se dice algo puede revelar emociones, intenciones e incluso el estado psicológico de una persona. A menudo, un mismo enunciado puede interpretarse de maneras completamente diferentes dependiendo del tono utilizado, lo que convierte esta característica en esencial para una lectura corporal eficaz.

La comunicación vocal se compone de elementos como el volumen, el ritmo, la entonación y las pausas, cada uno desempeñando un papel fundamental en cómo se recibe el mensaje. El volumen de la voz, por ejemplo, puede indicar confianza y autoridad cuando se mantiene en un nivel moderado y firme. Una voz excesivamente baja puede sugerir inseguridad, sumisión o incluso falta de implicación en la conversación, mientras que una voz muy alta puede percibirse como agresiva o invasiva. En determinadas situaciones, una variación en el volumen puede usarse estratégicamente para enfatizar puntos importantes o mantener la atención del interlocutor.

El ritmo del habla también transmite información importante. Las personas que hablan de manera acelerada pueden estar ansiosas, nerviosas o intentando evitar interrupciones. Este patrón de habla puede generar una sensación de urgencia o impaciencia en el oyente. Por el contrario, un habla excesivamente lenta puede indicar indecisión, fatiga o incluso desinterés. Lo ideal es mantener un ritmo equilibrado, adaptándose al contexto y a la respuesta del interlocutor.

La entonación, que corresponde a las variaciones de altura e intensidad en la voz, es otro factor esencial en la comunicación. Una entonación monótona puede hacer que el discurso resulte poco interesante y dificultar la conexión emocional con el oyente. Por otro lado, una entonación bien modulada y expresiva facilita la transmisión de emociones y mantiene la atención de la audiencia. Las variaciones en la entonación ayudan a indicar si un discurso es afirmativo, interrogativo, irónico o sarcástico, evitando malentendidos en la comunicación.

Las pausas desempeñan un papel fundamental en la comunicación vocal. Pequeñas pausas durante el habla permiten que el oyente procese la información y confieren un tono más natural y envolvente al mensaje. Además, las pausas estratégicas pueden utilizarse para crear expectación y énfasis en determinados momentos, aumentando la eficacia de la comunicación. En contraste, la ausencia de pausas puede hacer que el mensaje parezca apresurado y difícil de seguir, perjudicando la claridad y el impacto del discurso.

El tono de voz también refleja estados emocionales de manera sutil pero perceptible. Una voz temblorosa puede indicar nerviosismo o inseguridad, mientras que un tono más firme sugiere determinación y control de la situación. Cuando alguien está irritado o frustrado, su voz puede adquirir un tono más áspero y cortante, aunque las palabras utilizadas sean neutras. En cambio, una voz suave y bien modulada transmite empatía, calma y receptividad. Aprender a interpretar estos matices vocales permite una comprensión más profunda de las emociones involucradas en la interacción.

La coherencia entre el tono de voz y el contenido verbal es esencial para una comunicación auténtica y eficaz. Cuando existe una discrepancia entre las palabras dichas y el tono utilizado, el oyente tiende a dar más credibilidad al tono. Si alguien dice "todo está bien" con una voz vacilante o en un tono bajo y tembloroso, el mensaje transmitido no será convincente. La falta de alineación entre voz y discurso puede indicar falsedad, vacilación o un intento de enmascarar sentimientos verdaderos.

En contextos sociales y profesionales, la adaptación del tono de voz al ambiente y al público es un factor diferenciador en la comunicación interpersonal. Un líder eficaz, por ejemplo, sabe cuándo utilizar un tono más firme para inspirar autoridad y cuándo suavizarlo para crear empatía y proximidad con su equipo. Del mismo modo, en interacciones personales, ajustar el tono de voz según la situación puede fortalecer vínculos y mejorar la comprensión mutua.

La cultura y las costumbres locales también influyen en la interpretación del tono de voz. En algunas culturas, un tono de voz más alto es señal de entusiasmo y compromiso, mientras que en otras puede considerarse grosero o agresivo. Lo mismo ocurre con la velocidad del habla: en algunas sociedades, un ritmo acelerado puede indicar dinamismo e inteligencia, mientras que en otras puede percibirse como falta de paciencia o agresividad. Considerar estas diferencias culturales es esencial para evitar equívocos y mejorar la comunicación en contextos multiculturales.

El tono de voz desempeña un papel crucial en la persuasión y la influencia. Los oradores hábiles utilizan variaciones vocales para captar la atención del público, enfatizar argumentos y crear impacto emocional. La forma en que se entrega un mensaje puede ser tan importante como su contenido. En negociaciones, por ejemplo, un tono de voz calmado y controlado puede transmitir confianza y tranquilidad, facilitando acuerdos y diálogos productivos. Por el contrario, un tono agresivo o descontrolado puede generar resistencia y dificultar la construcción de consenso.

La lectura del tono de voz puede perfeccionarse con práctica y atención a los detalles. Observar cómo diferentes personas utilizan su voz en diversas situaciones ayuda a desarrollar una percepción más aguda de los matices vocales. Además, grabar la propia voz y escuchar las variaciones de tono, ritmo y entonación puede ser una excelente forma de mejorar la comunicación oral. Ajustar el tono de voz de acuerdo con el contexto y la reacción del interlocutor hace que la interacción sea más natural y eficaz.

La manera en que utilizamos nuestra voz no solo influye en cómo somos percibidos, sino que también afecta directamente la conexión que establecemos con los demás. Un tono bien ajustado puede transmitir empatía, claridad y seguridad, mientras que un tono inadecuado puede generar ruidos en la comunicación y comprometer el mensaje. Desarrollar esta conciencia vocal permite no solo mejorar la expresión verbal, sino también alinear emociones e intenciones con el discurso, haciéndolo más auténtico y envolvente. Pequeños ajustes, como equilibrar la intensidad, variar la entonación y hacer pausas estratégicas, pueden transformar una comunicación común en una experiencia impactante y significativa.

Además de transmitir emociones, el tono de voz puede ser un reflejo del estado interior de cada individuo. La forma en que nos expresamos vocalmente está directamente ligada a nuestro nivel de confianza, al control emocional y a la intención detrás de las palabras. Cuando estamos tranquilos y seguros, nuestra voz tiende a sonar más estable y articulada; en momentos de inseguridad, puede volverse vacilante y temblorosa. Así, trabajar en la percepción del propio tono de voz no solo perfecciona la comunicación con los demás, sino que también fortalece la autoimagen y el control sobre las propias emociones.

Dominar el tono de voz es una habilidad valiosa para cualquier situación que implique interacción humana. Ya sea en conversaciones cotidianas, discursos, negociaciones o presentaciones, la forma en que nos expresamos vocalmente puede abrir puertas, construir relaciones y fortalecer nuestra presencia. Al comprender y ajustar conscientemente la voz según el contexto y el mensaje, ampliamos nuestro impacto comunicativo y nos convertimos en comunicadores más eficaces y persuasivos, capaces de transmitir nuestras ideas con claridad e influencia.

Capítulo 9
Espacio Personal

El espacio personal es uno de los elementos más importantes de la comunicación no verbal, influyendo en la forma en que interactuamos e interpretamos a los demás. La proximidad o distancia entre las personas transmite mensajes sutiles sobre comodidad, intimidad, respeto e incluso dominio territorial. Comprender y respetar los límites del espacio personal es esencial para establecer relaciones saludables y evitar incomodidades en las interacciones sociales y profesionales.

La noción de espacio personal varía según factores como la cultura, el contexto social y el grado de familiaridad entre los interlocutores. El antropólogo Edward T. Hall, uno de los principales estudiosos del tema, definió cuatro zonas de distancia interpersonal que ayudan a comprender cómo nos relacionamos espacialmente con los demás:

Zona íntima (hasta 45 cm): Esta es el área más cercana al cuerpo y reservada para interacciones con personas de extrema confianza, como familiares, parejas románticas y amigos íntimos. Entrar en este espacio sin permiso puede generar incomodidad e incluso reacciones defensivas.

Zona personal (entre 45 cm y 1,2 m): Utilizada para interacciones casuales y amistosas, esta distancia permite conversaciones cómodas sin invadir la privacidad del otro. Es la zona más común para diálogos entre conocidos, compañeros de trabajo y amigos en entornos sociales.

Zona social (entre 1,2 m y 3,6 m): Este es el espacio generalmente adoptado para interacciones profesionales, reuniones de negocios y conversaciones formales. La distancia mantiene una sensación de respeto y neutralidad, evitando cualquier impresión de invasión del espacio personal.

Zona pública (más de 3,6 m): Común en conferencias, presentaciones y discursos, esta zona permite que un individuo se comunique con un grupo sin necesidad de proximidad física. Aquí, el lenguaje corporal y la proyección vocal asumen un papel aún más relevante.

La percepción del espacio personal está profundamente influenciada por la cultura. En países de América Latina y del sur de Europa, por ejemplo, es común que las personas conversen a una distancia menor y se toquen como señal de cercanía e implicación. En cambio, en países como Japón, Suecia y Canadá, la tendencia es mantener distancias mayores durante la interacción. El desconocimiento de estas diferencias culturales puede llevar a malentendidos, haciendo esencial la adaptación al contexto local para evitar incomodidades.

Además de la cultura, los factores individuales también desempeñan un papel en la percepción del espacio personal. Las personas introvertidas tienden a preferir distancias mayores, mientras que los extrovertidos pueden sentirse más cómodos con la proximidad física. Lo mismo ocurre en situaciones de estrés o ansiedad: los individuos que están emocionalmente sobrecargados pueden sentir una mayor necesidad de preservar su espacio, mientras que aquellos que buscan consuelo pueden desear una mayor cercanía.

El respeto por el espacio personal también se refleja en el lenguaje corporal. Cuando una persona se aleja sutilmente durante una interacción, esto puede indicar que la proximidad está generando incomodidad. Ignorar estas señales e insistir en una distancia menor puede causar una percepción negativa, transmitiendo la impresión de invasión o falta de sensibilidad social. Por otro lado, mantener una distancia excesiva puede dar la sensación de frialdad o desinterés, haciendo la comunicación menos envolvente.

En entornos profesionales, comprender la importancia del espacio personal es fundamental para construir relaciones saludables y transmitir confianza. Durante reuniones o entrevistas, mantener la distancia adecuada demuestra respeto y profesionalismo. Un error común es acercarse demasiado al intentar enfatizar un punto o persuadir a alguien, lo que puede generar una reacción defensiva en el interlocutor. Saber equilibrar la proximidad física según el contexto es una habilidad valiosa en la comunicación corporativa.

Otro aspecto importante del espacio personal es el uso de barreras simbólicas. Objetos como bolsos, maletines o incluso muebles pueden ser usados para crear un límite entre individuos, indicando una necesidad de protección o distancia. Por ejemplo, cuando alguien sostiene un objeto delante del cuerpo en una conversación, puede estar inconscientemente intentando establecer una barrera protectora. Estas señales deben ser interpretadas con cautela, ya que pueden indicar incomodidad o necesidad de mayor espacio.

El contacto físico dentro del espacio personal también es un factor relevante en la comunicación no verbal. Apretones de manos, toques en el hombro y abrazos son formas de interacción táctil que varían según el grado de cercanía entre las personas. Un toque ligero en el brazo durante una conversación puede reforzar la empatía y la implicación, pero debe usarse con discernimiento para evitar interpretaciones erróneas. En entornos profesionales, el contacto físico debe minimizarse y ser siempre adecuado al contexto.

La observación de las reacciones al espacio personal permite ajustar el enfoque comunicativo de manera más eficaz. Si un interlocutor muestra señales de retraimiento, como cruzar los brazos, inclinar el cuerpo hacia atrás o desviar la mirada, puede ser necesario aumentar la distancia para evitar incomodidad. Por otro lado, si la persona se inclina hacia adelante y mantiene un contacto visual firme, esto puede indicar apertura a una mayor cercanía.

El dominio de la lectura del espacio personal mejora la calidad de las interacciones y contribuye a una comunicación más fluida y respetuosa. Adaptarse a la necesidad de espacio de cada persona fortalece la conexión interpersonal y evita situaciones embarazosas o malentendidos. El equilibrio entre cercanía y respeto por el espacio ajeno es uno de los pilares fundamentales de la comunicación eficaz y de la construcción de relaciones interpersonales armoniosas.

Capítulo 10
El Contacto Social

El contacto social es uno de los aspectos más sensibles e impactantes de la comunicación no verbal. Tiene el poder de fortalecer lazos, transmitir seguridad, demostrar empatía e incluso influir en la percepción que los demás tienen de nosotros. Sin embargo, el contacto también puede ser interpretado de diversas maneras dependiendo del contexto, la cultura y la relación entre los involucrados. Por eso, comprender su significado y aplicabilidad es fundamental para garantizar interacciones respetuosas y eficaces.

El contacto humano despierta una serie de respuestas fisiológicas y psicológicas. Estudios demuestran que el contacto físico puede estimular la liberación de oxitocina, una hormona asociada a la confianza y al fortalecimiento de los vínculos sociales. Esto explica por qué gestos simples, como un apretón de manos firme o un toque ligero en el hombro, pueden transmitir seguridad y conexión. El contacto adecuado refuerza la comunicación y contribuye a la creación de un ambiente más positivo y acogedor.

Diferentes tipos de contacto transmiten mensajes específicos y pueden influir en la interpretación de una interacción. El apretón de manos es uno de los ejemplos más universales de contacto social. Un apretón de manos firme y seguro sugiere confianza y determinación, mientras que un apretón de manos débil puede interpretarse como falta de entusiasmo o inseguridad. Del mismo modo, un apretón de manos excesivamente fuerte puede verse como un gesto de dominación o agresividad. Este simple contacto inicial puede definir el tono de una conversación e impactar la percepción sobre la credibilidad y la postura del interlocutor.

Otro tipo común de contacto social es el toque en el brazo o en el hombro. En situaciones informales, un ligero toque puede transmitir apoyo, empatía o reforzar un punto de vista. Sin embargo, es esencial considerar la receptividad del otro antes de utilizar este tipo de gesto. Algunas personas pueden sentirse invadidas o incómodas con contactos físicos inesperados, especialmente si no existe un nivel previo de cercanía entre los involucrados. Observar el lenguaje corporal del otro puede ayudar a determinar si un toque es bienvenido o si debe evitarse.

El abrazo es uno de los gestos de contacto más cargados de significado emocional. En contextos personales, un abrazo puede ser un símbolo de cariño, protección y solidaridad. Sin embargo, en entornos formales, es necesario tener cautela al utilizar este tipo de contacto. No todas las culturas ni entornos laborales consideran el abrazo como una forma adecuada de saludo, pudiendo interpretarlo como una invasión del espacio personal. Lo más seguro es permitir que el otro tome la iniciativa o, si no hay suficiente familiaridad, optar por saludos menos intrusivos.

La cultura juega un papel fundamental en la interpretación del contacto social. En algunas sociedades, como en Brasil, Italia y España, el contacto físico es común y visto como una demostración de cercanía y afecto. En cambio, en países como Japón, Suecia y el Reino Unido, existe una tendencia a mantener una mayor distancia entre los interlocutores y evitar el contacto excesivo en interacciones cotidianas. Ignorar estas diferencias culturales puede llevar a situaciones incómodas o malentendidos, haciendo esencial la adaptación al contexto local.

Otro factor que influye en la aceptación del contacto es la relación entre los involucrados. En interacciones entre amigos cercanos o familiares, el contacto suele ser más frecuente y natural. Sin embargo, en situaciones profesionales o entre desconocidos, el contacto físico puede ser percibido como inadecuado si no se utiliza de manera cuidadosa. Establecer una lectura precisa de la dinámica interpersonal permite que el contacto sea utilizado como una herramienta de comunicación eficaz, sin sobrepasar los límites personales.

El contacto social también desempeña un papel importante en la construcción de confianza y *rapport* (sintonía). En interacciones comerciales, por ejemplo, toques sutiles y respetuosos pueden crear una sensación de cercanía y facilitar la negociación. Un vendedor que saluda a un cliente con un apretón de manos firme y un toque breve en el brazo puede transmitir credibilidad y empatía. No obstante, es fundamental que el contacto ocurra de manera espontánea y respetuosa, sin parecer forzado ni manipulador.

La comunicación por medio del contacto también está presente en el entorno médico y terapéutico. Los profesionales de la salud frecuentemente utilizan el contacto para tranquilizar a los pacientes, demostrar cuidado y crear un ambiente de acogida. Estudios muestran que el contacto puede reducir la ansiedad y mejorar la respuesta al tratamiento en diversas situaciones clínicas. Sin embargo, incluso en estos contextos, es importante que el contacto sea aplicado con sensibilidad y dentro de los límites de la comodidad del paciente.

La lectura del lenguaje corporal puede ayudar en la identificación de señales de incomodidad relacionadas con el contacto. Cuando una persona se retrae, cruza los brazos o se aleja después de un contacto físico, puede estar indicando que no se siente cómoda con esa interacción. Estas señales deben ser respetadas para evitar la invasión del espacio personal del otro. Del mismo modo, la ausencia de reacción negativa puede indicar que el contacto fue bien recibido y reforzó la conexión entre los involucrados.

El contacto, cuando se utiliza con discernimiento, puede ser una poderosa herramienta de conexión, pero su impacto depende del contexto y de la receptividad del interlocutor. Saber interpretar las señales sutiles del lenguaje corporal y respetar las diferencias individuales es esencial para garantizar que el contacto físico sea bien recibido y cumpla su papel de reforzar los lazos interpersonales. Pequeños gestos, como un saludo cálido o un toque breve en el hombro, pueden transformar una interacción, transmitiendo apoyo y empatía sin necesidad de palabras.

Además del aspecto emocional, el contacto también influye en la forma en que somos percibidos en diferentes entornos. En un contexto profesional, por ejemplo, un apretón de manos firme puede establecer una impresión inicial positiva, mientras que un contacto excesivo o invasivo puede generar incomodidad e incluso perjudicar relaciones. La clave para el uso eficaz del contacto social está en el equilibrio: debe ser natural, respetuoso y adecuado a la relación entre los involucrados. De esta forma, es posible utilizarlo para fortalecer conexiones sin sobrepasar los límites personales.

Dominar la comunicación a través del contacto exige sensibilidad y adaptación, considerando el entorno, la cultura y la individualidad de cada persona. Cuando se aplica bien, tiene el poder de humanizar las interacciones, construir confianza y hacer las relaciones más auténticas. Al comprender sus efectos y utilizarlo con responsabilidad, es posible enriquecer la comunicación no verbal y hacer las interacciones más significativas y armoniosas.

Capítulo 11
Comunicación Congruente

Las microexpresiones son manifestaciones faciales involuntarias que ocurren en fracciones de segundo y reflejan emociones auténticas. A diferencia de las expresiones faciales controladas, que pueden ser moduladas conscientemente, las microexpresiones surgen de manera espontánea y son casi imposibles de falsificar. Por esta razón, son una de las herramientas más poderosas para interpretar sentimientos ocultos y detectar contradicciones en la comunicación no verbal.

Las microexpresiones fueron ampliamente estudiadas por el psicólogo Paul Ekman, quien identificó siete emociones universales expresadas en el rostro humano: alegría, tristeza, ira, miedo, sorpresa, asco y desprecio. Cada una de estas emociones posee patrones específicos de activación muscular, lo que hace posible identificarlas independientemente de la cultura o el entorno. La habilidad para reconocer microexpresiones permite entender mejor lo que las personas realmente sienten, incluso cuando intentan ocultar sus emociones.

La identificación de las microexpresiones exige práctica y atención a detalles sutiles. Como estas expresiones duran menos de medio segundo, el observador necesita estar entrenado para captarlas rápidamente. El mejor método para desarrollar esta habilidad es centrarse en la observación del rostro en su conjunto, en lugar de fijarse en un único detalle. Movimientos repentinos de las cejas, tensión alrededor de los ojos o alteraciones en la posición de la boca pueden indicar emociones pasajeras que revelan información valiosa sobre el estado emocional del interlocutor.

Cada emoción básica presenta características distintivas en las microexpresiones. La alegría auténtica, por ejemplo, se caracteriza por la activación de los músculos alrededor de los ojos y por la elevación de las comisuras de la boca. Cuando una sonrisa no involucra los ojos, puede ser señal de que la emoción expresada no es genuina. Por su parte, la tristeza se manifiesta mediante el arqueamiento de las cejas hacia adentro y el descenso de las comisuras de la boca, mientras que la ira se identifica por el fruncimiento de las cejas, la tensión en la mandíbula y la mirada fija.

El miedo y la sorpresa comparten algunas similitudes en la expresión facial, como el agrandamiento de los ojos y la elevación de las cejas. Sin embargo, mientras la sorpresa desaparece rápidamente tras asimilar la información, el miedo tiende a persistir por más tiempo y generalmente viene acompañado de una retracción corporal. El asco se evidencia por el arrugamiento de la nariz y la elevación del labio superior, mientras que el desprecio se marca por una leve elevación unilateral de los labios.

El análisis de las microexpresiones se utiliza ampliamente en diversas áreas, como seguridad pública, psicología y negociaciones. Los profesionales entrenados logran identificar contradicciones entre el habla y el lenguaje facial, ayudando a detectar mentiras y a comprender estados emocionales con mayor precisión. En entrevistas de trabajo, por ejemplo, los reclutadores pueden observar señales sutiles de incomodidad al hacer preguntas desafiantes. De la misma manera, los negociadores experimentados pueden percibir vacilación o resistencia en microexpresiones incluso antes de que el interlocutor verbalice sus preocupaciones.

Es importante resaltar que la lectura de las microexpresiones siempre debe ser contextualizada. Una señal aislada no es suficiente para sacar conclusiones definitivas sobre el estado emocional de alguien. Lo ideal es combinar la observación de las microexpresiones con otros aspectos del lenguaje corporal, como la postura, los gestos y el tono de voz. Cuando hay coherencia entre las diferentes señales, la interpretación se vuelve más precisa y confiable.

La práctica constante es fundamental para perfeccionar la identificación de las microexpresiones. Una forma eficaz de entrenar esta habilidad es ver vídeos de entrevistas o debates e intentar captar las expresiones fugaces que surgen en el rostro de los participantes. Existen también plataformas especializadas que ofrecen ejercicios interactivos para ayudar en el reconocimiento de las microexpresiones en tiempo real. Cuanto más entrenado esté el observador, mayor será su capacidad para captar estas señales involuntarias e interpretar las emociones ocultas en las interacciones diarias.

Además del uso profesional, el conocimiento sobre microexpresiones puede ser extremadamente útil en el día a día. Comprender las emociones de familiares, amigos y compañeros de trabajo permite una comunicación más empática y eficaz. Al reconocer cuándo alguien está incómodo, ansioso o intentando ocultar una emoción, es posible ajustar el enfoque para hacer la interacción más productiva y respetuosa.

Al integrar la lectura de las microexpresiones en la comunicación diaria, se vuelve posible desarrollar una percepción más refinada de las intenciones y sentimientos ajenos. Este entendimiento favorece interacciones más auténticas y reduce la posibilidad de malentendidos, pues permite que el observador ajuste su respuesta de acuerdo con el estado emocional del interlocutor. Además, al demostrar sensibilidad para captar estos matices, se crea un ambiente de confianza, donde las personas se sienten más comprendidas y valoradas. La empatía generada por esta habilidad fortalece los vínculos interpersonales y mejora significativamente la calidad de las relaciones, tanto en el ámbito personal como profesional.

Sin embargo, la interpretación de las microexpresiones exige cautela y discernimiento. Como las emociones son complejas e influenciadas por múltiples factores, una misma señal puede tener diferentes significados dependiendo del contexto y de la personalidad de cada individuo. Por esta razón, es esencial evitar juicios precipitados y considerar otros indicadores antes de sacar conclusiones definitivas. La combinación de la lectura facial con el análisis de gestos, tono de voz y circunstancias de la interacción proporciona una comprensión más amplia y precisa. Así, en lugar de solo identificar sentimientos ocultos, la verdadera maestría en la lectura de las microexpresiones reside en la capacidad de utilizarlas para promover diálogos más armónicos y eficaces.

La comunicación congruente, por lo tanto, va más allá de la simple decodificación de señales no verbales; se trata de un proceso continuo de atención, empatía y adaptación. Cuando hay coherencia entre palabras, expresiones faciales y gestos, el mensaje transmitido gana autenticidad e impacto. Desarrollar esta habilidad no solo perfecciona la forma en que nos expresamos, sino que también nos convierte en oyentes más atentos y sensibles, creando interacciones más ricas y significativas.

Capítulo 12
Línea Base

Cada individuo lleva consigo una firma invisible, una constancia en la forma en que se mueve, gesticula y expresa sus emociones cuando está en un estado natural, sin presiones ni estímulos externos que puedan alterarlo. Esta firma se llama línea base conductual. Entenderla es la clave para distinguir lo habitual de lo inusual, lo sincero de lo fabricado, lo cómodo de lo forzado. Sin este punto de referencia, cualquier intento de interpretación del lenguaje corporal se convierte en un juego de suposiciones, sin fundamentos sólidos.

Observar a alguien sin que esté bajo estrés o necesidad de ocultar algo es el primer paso para establecer su línea base. Este estado neutro puede identificarse en situaciones cotidianas, como en una conversación trivial sobre temas sin carga emocional, mientras la persona ve algo sin pretensiones o mientras interactúa con amigos y familiares de forma espontánea. En estas condiciones, los gestos fluyen naturalmente, sin ninguna influencia de la necesidad de engañar, impresionar u ocultar algo.

Cada persona tiene su propia configuración: algunas hablan gesticulando intensamente, otras mantienen los brazos más contenidos; hay quienes parpadean frecuentemente sin que eso signifique nerviosismo, mientras que otros casi no parpadean y eso tampoco indica frialdad o desapego. Si una persona, en su estado neutro, suele desviar la mirada con frecuencia, este comportamiento no puede interpretarse automáticamente como una señal de mentira en otro momento. Del mismo modo, alguien que mantiene un tono de voz pausado y grave de forma natural no puede ser considerado sospechoso solo porque no varía la entonación al hablar de un asunto delicado. La lectura corporal necesita anclarse en la comparación entre lo que es habitual y las variaciones que surgen ante ciertos estímulos.

Un error común de quien se inicia en la interpretación del lenguaje corporal es creer que existe un diccionario fijo de gestos y significados. Los brazos cruzados no siempre indican resistencia; pueden significar frío, incomodidad física o incluso un hábito postural. El aumento de la frecuencia del parpadeo puede estar relacionado con la iluminación del ambiente, y no con el nerviosismo. La inclinación del cuerpo hacia atrás puede ser solo cansancio y no un intento de distanciarse del asunto en cuestión. La línea base es lo que impide estas conclusiones precipitadas.

El proceso de establecer la línea base de alguien exige paciencia y atención. Lo ideal es observar a la persona en diferentes contextos, registrando mentalmente sus patrones. ¿Cómo se comporta cuando está relajada? ¿Cuál es su postura habitual al sentarse? ¿Cómo mueve las manos al hablar? ¿Cuál es el ritmo normal de su respiración? ¿Con qué frecuencia e intensidad sonríe? Estas son preguntas fundamentales para trazar un perfil fiable.

Sin embargo, hay factores que pueden enmascarar la línea base e inducir a error. El entorno es uno de ellos. Alguien que está acostumbrado a actuar de cierta manera en casa puede adoptar posturas diferentes en el trabajo o en lugares públicos. El cansancio, la distracción e incluso variaciones estacionales pueden influir en el lenguaje corporal sin que haya ninguna intención de engañar. Por eso, la observación debe hacerse a lo largo del tiempo y no basarse en un único momento.

Cuando la línea base está bien establecida, cualquier alteración se vuelve perceptible. Si alguien que normalmente gesticula poco comienza a mover las manos excesivamente durante una conversación específica, ese cambio puede ser significativo. Si una persona que tiene el hábito de mirar directamente a los ojos pasa a evitar ese contacto en una cuestión determinada, esa desviación del patrón puede indicar incomodidad o intento de ocultación. Del mismo modo, un aumento repentino en el parpadeo o un cambio en el tono de voz pueden interpretarse dentro del contexto, siempre que se contrasten con el comportamiento habitual.

La lectura corporal eficaz depende de la sensibilidad para percibir estas variaciones sin caer en juicios apresurados. Lo ideal es buscar siempre múltiples señales que refuercen la observación. Una desviación en la mirada, por sí sola, no puede ser concluyente, pero si va acompañada de un aumento en la tensión muscular, un tragar saliva y un leve temblor en la voz, entonces hay más razones para considerar que algo es diferente. El contexto de la interacción también debe tenerse en cuenta: un cambio en el tono de voz puede ocurrir por un factor externo, como una irritación en la garganta, y no por nerviosismo o mentira.

Otro aspecto importante de la línea base es que puede estar influenciada por experiencias anteriores y por el rasgo de personalidad del individuo. Las personas naturalmente ansiosas pueden presentar señales de inquietud constantemente, y esto no debe confundirse con nerviosismo causado por un cuestionamiento específico. Del mismo modo, individuos extremadamente controlados pueden demostrar poca variación en la expresión facial, incluso cuando sienten emociones intensas. En estos casos, solo una observación prolongada permitirá comprender cuáles son las reacciones normales y cuáles realmente indican algo fuera de lo común.

La técnica de observación debe ser discreta y sin interferencia directa. Preguntar a alguien sobre su estado emocional puede alterar su comportamiento e invalidar la línea base que se busca establecer. Lo ideal es percibir patrones sin que la persona sea consciente de ello. Los profesionales del área de la seguridad, por ejemplo, aplican esta técnica al observar pasajeros en aeropuertos o sospechosos en investigaciones, comparando reacciones naturales con cambios abruptos ante preguntas estratégicas.

Sin embargo, el uso de la lectura de la línea base debe hacerse siempre con cautela y ética. Ninguna señal aislada debe llevar a conclusiones definitivas sobre el estado emocional o las intenciones de alguien. La comunicación humana es compleja y está cargada de matices. El objetivo no es juzgar precipitadamente, sino refinar la percepción sobre el comportamiento humano, aumentando la capacidad de interpretar cambios sutiles que pasarían desapercibidos para la mayoría.

La precisión en la lectura de la línea base no se limita solo a la identificación de variaciones conductuales, sino también a la comprensión de sus motivos subyacentes. Un observador experimentado no solo percibe cambios en los patrones de alguien, sino que también evalúa qué pudo haberlos causado. Situaciones de estrés, preocupaciones externas o incluso factores fisiológicos pueden interferir en el lenguaje corporal de forma sutil, sin indicar necesariamente disimulo o incomodidad con un tema específico. Así, para una interpretación eficaz, es fundamental evitar conclusiones precipitadas y considerar al individuo como un sistema dinámico, en constante interacción con su entorno.

La aplicación de este conocimiento se extiende más allá de áreas como la seguridad y las investigaciones, convirtiéndose en una herramienta valiosa en la vida cotidiana. Los líderes y gestores que dominan la observación de la línea base pueden comprender mejor a sus colaboradores e identificar señales tempranas de desmotivación o sobrecarga. Del mismo modo, en las relaciones personales, percibir desviaciones en el comportamiento habitual de un amigo o pareja puede ser un indicativo de que algo no va bien, permitiendo enfoques más sensibles y empáticos. Cuando se utiliza bien, esta habilidad promueve una comunicación más eficaz y relaciones interpersonales más profundas.

Sin embargo, la lectura de la línea base debe ser siempre un medio para la comprensión y no para juicios precipitados. Cada individuo carga con una historia, y su comportamiento refleja no solo el presente, sino también experiencias pasadas y características innatas. Observar sin invadir, interpretar sin condenar y percibir sin presumir son principios esenciales para utilizar esta herramienta de forma ética y constructiva. Así, desarrollar esta percepción no solo mejora la comunicación, sino que también fortalece la empatía y la capacidad de comprender al otro en su totalidad.

Capítulo 13
Diferencias Culturales

El lenguaje corporal, aunque universal en su esencia, conlleva capas de significados que varían según la cultura. Lo que para un pueblo representa respeto, para otro puede interpretarse como desdén. Un simple gesto con las manos, la forma en que alguien mantiene contacto visual o incluso la postura adoptada al sentarse pueden provocar reacciones completamente distintas dependiendo del contexto cultural. Ignorar estas diferencias puede llevar a malentendidos, situaciones incómodas e incluso conflictos innecesarios.

En un mundo globalizado, donde las interacciones entre diferentes nacionalidades son cada vez más comunes, comprender estas variaciones es fundamental. Lo que puede parecer una señal clara de sinceridad para un occidental puede ser visto como una falta de respeto en otra parte del mundo. Por ejemplo, mientras que en Estados Unidos o Europa el contacto visual directo durante una conversación se considera un indicativo de confianza y honestidad, en países de Asia Oriental, como Japón y Corea del Sur, evitar la mirada fija en una persona mayor o en una figura de autoridad demuestra respeto y deferencia. Alguien que no comprende este matiz puede interpretar erróneamente la actitud de un asiático como timidez o falta de honestidad, cuando en realidad se trata de un código social profundamente arraigado.

Otro ejemplo clásico es el apretón de manos. Para muchos occidentales, un apretón firme demuestra seguridad y asertividad. Sin embargo, en países como China, un apretón de manos muy fuerte puede considerarse agresivo, mientras que uno más suave no indica falta de interés, sino una forma educada y respetuosa de saludo. Del mismo modo, el tiempo que una persona sostiene la mano de la otra puede tener significados diferentes: mientras que un saludo rápido es estándar en Estados Unidos, en algunas regiones de África y Oriente Medio, sostener la mano durante unos segundos más es señal de amistad y cercanía, y retirar la mano rápidamente puede interpretarse como grosería.

Los gestos con las manos también son un terreno lleno de trampas culturales. El pulgar hacia arriba, ampliamente usado en países occidentales como símbolo de aprobación, puede tener un significado completamente diferente en Oriente Medio y en el sur de Italia, donde puede interpretarse como un gesto ofensivo, similar a un insulto obsceno. Del mismo modo, la señal de "ok" hecha con el pulgar y el índice formando un círculo, común en Estados Unidos, puede ser vista como un gesto insultante en países como Brasil y Turquía.

La proximidad física durante una conversación es otra área donde las diferencias culturales pueden generar incomodidad. En culturas latinas y árabes, es común que las personas conversen a corta distancia, tocándose ocasionalmente en el hombro o en el brazo para reforzar la conexión. En cambio, en países nórdicos y en Japón, esta proximidad puede ser vista como invasiva, y se espera un mayor espacio personal. De igual manera, los abrazos y besos en la mejilla como forma de saludo son naturales en países como Brasil, Francia y Argentina, pero pueden resultar incómodos o inapropiados en culturas más reservadas, como en Alemania o China.

La forma en que alguien se sienta también puede comunicar diferentes mensajes dependiendo de la cultura. En muchos países asiáticos y de Oriente Medio, mostrar la planta de los pies a alguien se considera un gesto irrespetuoso, ya que los pies son vistos como la parte más impura del cuerpo. Cruzar las piernas descuidadamente, dejando la suela del zapato orientada hacia otra persona, puede ser ofensivo en lugares como Tailandia y Emiratos Árabes Unidos, mientras que en países occidentales esto es solo una postura casual sin mayores implicaciones sociales.

La cuestión de la sonrisa también varía bastante entre culturas. En Estados Unidos, las sonrisas se utilizan ampliamente en interacciones sociales, incluso entre extraños, como forma de expresar simpatía y accesibilidad. En Japón, por otro lado, la sonrisa no siempre indica felicidad; a menudo, se utiliza para enmascarar sentimientos de incomodidad o vergüenza. Además, mientras que en muchas partes del mundo una sonrisa abierta, mostrando los dientes, se considera señal de alegría y sociabilidad, en algunas culturas asiáticas puede considerarse inadecuada o incluso vulgar en determinados contextos.

Las diferencias culturales también influyen en la forma en que se expresa la autoridad a través del lenguaje corporal. En culturas más jerárquicas, como las encontradas en muchos países asiáticos, la postura corporal tiende a ser más rígida y formal al interactuar con figuras de autoridad. El tono de voz puede ser más bajo y los gestos excesivos pueden evitarse para no mostrar falta de respeto. En cambio, en culturas más igualitarias, como en los países escandinavos, la comunicación corporal puede ser más relajada, sin tanto énfasis en la formalidad.

La interpretación errónea del lenguaje corporal en contextos multiculturales puede causar serios malentendidos. Un extranjero que no comprende las normas locales puede ser visto como irrespetuoso o incluso ofensivo sin querer. Por eso, el mejor enfoque es siempre la observación y la adaptación. Si se está en un entorno desconocido, lo ideal es prestar atención al lenguaje corporal de los nativos y ajustar la propia postura según sea necesario.

En negociaciones internacionales, estas diferencias pueden ser cruciales. Un empresario que no entiende la importancia del silencio en una negociación japonesa puede interpretar pausas largas como desinterés, cuando en realidad son señales de consideración y reflexión sobre lo que se ha dicho. Del mismo modo, un ejecutivo occidental que habla de manera muy enfática y gesticula mucho puede ser visto como agresivo en culturas más contenidas, como la alemana o la finlandesa.

La comunicación no verbal trasciende las barreras lingüísticas, pero no está libre de interpretaciones erróneas. La comprensión de estos matices no solo mejora la calidad de las interacciones internacionales, sino que también evita meteduras de pata culturales que pueden perjudicar relaciones personales y profesionales. La clave para una lectura corporal eficaz en ambientes multiculturales es la flexibilidad: reconocer que no existe un único patrón de comportamiento y estar dispuesto a aprender y respetar las diferencias.

Desarrollar una percepción aguda de las diferencias culturales en el lenguaje corporal exige una mirada atenta y una actitud de aprendizaje continuo. Cada sociedad moldea sus códigos de comunicación no verbal a partir de su historia, valores y tradiciones, haciendo esencial un enfoque flexible y respetuoso al interactuar con diferentes culturas. El viajero atento, el negociador experimentado y el profesional globalizado saben que observar antes de actuar puede evitar malentendidos y fortalecer conexiones. Cuando se comprende que la misma expresión puede transmitir significados opuestos según el contexto, se abre un camino hacia interacciones más fluidas y enriquecedoras.

Más que simplemente evitar errores o meteduras de pata, la sensibilidad hacia los matices del lenguaje corporal permite crear vínculos genuinos y demostrar respeto por las tradiciones ajenas. Pequeños gestos, como ajustar la distancia interpersonal, modular el tono de voz o adoptar posturas más alineadas con las costumbres locales, pueden marcar una gran diferencia en la construcción de confianza y empatía. Este cuidado se convierte en un diferenciador en relaciones interpersonales y profesionales, mostrando que la verdadera comunicación va más allá de las palabras y se manifiesta en la manera en que nos presentamos al mundo.

Al reconocer que el lenguaje corporal es un reflejo de la cultura y no un código fijo de señales universales, nos convertimos en comunicadores más eficaces y ciudadanos globales mejor preparados. La comprensión de las diferencias culturales no debe verse como un obstáculo, sino como una oportunidad para ampliar horizontes y enriquecer las interacciones humanas. Al fin y al cabo, el respeto a las particularidades del otro no solo fortalece los lazos sociales, sino que también nos enseña a ver el mundo con más sensibilidad y apertura.

Capítulo 14
Diferencias Individuales

Cada ser humano lleva consigo un código único de expresiones, posturas y gestos, moldeado no solo por la cultura en la que nació, sino también por factores individuales como la personalidad, la edad, el género y las experiencias de vida. Estos elementos influyen profundamente en la manera en que alguien se comunica no verbalmente, haciendo imposible aplicar una única fórmula para interpretar gestos y expresiones. El riesgo de generalizar comportamientos sin considerar las diferencias individuales es grande, pudiendo llevar a conclusiones equivocadas sobre emociones e intenciones.

Para comprender el lenguaje corporal de forma precisa, es fundamental tener en cuenta estos aspectos. Dos personas pueden cruzar los brazos por razones completamente distintas: mientras una puede sentirse incómoda o defensiva, la otra simplemente puede encontrar esa posición cómoda o incluso tener la costumbre de hacerlo cuando está concentrada. Sin considerar la individualidad de cada persona, la lectura corporal se convierte en una interpretación superficial e imprecisa.

La personalidad es uno de los principales factores que influyen en la comunicación no verbal. Los extrovertidos tienden a demostrar emociones de manera más evidente, utilizando gestos amplios y expresiones faciales dinámicas. Sus movimientos pueden ser expansivos, con brazos abiertos y posturas relajadas, y la proximidad física suele ser menor problema para ellos.

Los introvertidos, por otro lado, pueden presentar un comportamiento más contenido, expresándose de manera más sutil. Sus gestos pueden ser menos frecuentes, sus expresiones faciales pueden parecer más neutras y su tono de voz puede ser más bajo. Esto no significa que estén incómodos o desinteresados, simplemente que su forma natural de expresarse es menos exuberante.

Al observar una interacción, una persona no familiarizada con estas diferencias puede interpretar erróneamente a un introvertido como distante o desinteresado, cuando en realidad solo está siguiendo su patrón habitual de comportamiento. Del mismo modo, un extrovertido puede ser juzgado erróneamente como invasivo o exagerado, cuando ese es simplemente su modo natural de comunicarse.

Aunque cada individuo es único, existen algunas tendencias generales en la forma en que hombres y mujeres utilizan el lenguaje corporal. De manera general, las investigaciones indican que las mujeres suelen demostrar más expresividad facial, utilizando sonrisas, inclinaciones de cabeza y gestos más frecuentes durante una conversación. También tienden a inclinarse más hacia adelante al interactuar con alguien, un indicativo de implicación en la conversación.

Los hombres, por otro lado, frecuentemente utilizan un lenguaje corporal más contenido, con menos expresiones faciales y movimientos corporales. En interacciones sociales, pueden preferir mantener una postura más fija y un contacto visual más directo, lo que puede interpretarse como asertividad. También hay una tendencia a ocupar más espacio, ya sea a través de la postura o del posicionamiento de los brazos y piernas.

Estas diferencias no son reglas absolutas y varían según la personalidad, la cultura y el contexto. Además, muchos de estos patrones están ligados a normas sociales y expectativas culturales sobre los roles de género, que influyen en el comportamiento desde la infancia. Por eso, es esencial evitar generalizaciones rígidas.

La edad también desempeña un papel fundamental en el lenguaje corporal. Los niños, por ejemplo, tienden a ser más transparentes en sus expresiones y gestos. Poseen menos filtros sociales y exhiben emociones de forma más directa: saltan de alegría, cruzan los brazos en señal de descontento o desvían la mirada cuando están avergonzados.

Los adolescentes, por otro lado, pueden presentar un comportamiento corporal más vacilante, especialmente en situaciones sociales donde sienten inseguridad. El contacto visual puede evitarse, los hombros pueden mantenerse caídos y los movimientos pueden parecer más torpes debido al proceso de desarrollo de la autoimagen.

Los adultos, por su parte, generalmente poseen un mayor control sobre sus expresiones y posturas. El lenguaje corporal tiende a ser más refinado y adaptado a las normas sociales, volviéndose menos impulsivo y más estratégico. Las personas mayores pueden presentar gestos más contenidos y posturas más rígidas debido a factores físicos, como la pérdida de movilidad o dolores musculares, que impactan su manera de moverse.

Estos cambios a lo largo de la vida muestran que la misma expresión o postura puede tener diferentes significados dependiendo de la edad de la persona. Un adolescente mirando al suelo durante una conversación puede estar expresando timidez, mientras que una persona mayor puede simplemente estar evitando la luz fuerte debido a la sensibilidad ocular.

La trayectoria de vida de una persona también influye fuertemente en su lenguaje corporal. Alguien que ha pasado por situaciones traumáticas puede adoptar gestos más cerrados y defensivos, incluso en contextos donde no hay peligro. Personas que crecieron en ambientes donde la expresión emocional no era incentivada pueden tener dificultades para demostrar sentimientos abiertamente, incluso cuando están profundamente involucradas en una conversación.

Por otro lado, individuos que tuvieron experiencias que fortalecieron su autoconfianza pueden presentar una postura corporal más abierta y segura, incluso en situaciones de desafío. Esto explica por qué dos personas expuestas al mismo ambiente pueden reaccionar de maneras totalmente diferentes – cada una lleva consigo su propio bagaje emocional y experiencias previas.

Uno de los mayores desafíos al interpretar el lenguaje corporal es evitar caer en estereotipos o suposiciones generalizadas. Muchas veces, atribuimos significados fijos a determinados comportamientos sin considerar la individualidad de la persona. Un ejemplo común es la creencia de que quien evita el contacto visual está mintiendo. Sin embargo, este comportamiento puede ser simplemente un reflejo de la personalidad, una costumbre cultural o incluso una señal de ansiedad social.

Del mismo modo, una persona que gesticula mucho al hablar no está necesariamente intentando manipular o engañar – puede ser simplemente su estilo natural de comunicación. Para evitar errores, es esencial combinar múltiples señales antes de sacar conclusiones. Si alguien desvía la mirada, pero mantiene un tono de voz firme y gestos coherentes con su habla, es probable que la evasión de la mirada no tenga relación con la deshonestidad.

La mejor forma de evitar equívocos al interpretar el lenguaje corporal es adoptar un enfoque flexible y contextualizado. Algunas estrategias incluyen:

Observar patrones a lo largo del tiempo – En lugar de sacar conclusiones precipitadas basadas en un único gesto, observa cómo la persona se comporta en diferentes situaciones y estados emocionales.

Comparar con la línea de base – Como se vio en el capítulo anterior, cada individuo tiene su propio patrón de comportamiento. Los cambios en relación a ese patrón son más relevantes que los gestos aislados.

Considerar el contexto – El ambiente y las circunstancias de la interacción influyen en el lenguaje corporal. Un gesto puede tener significados distintos dependiendo del momento en que ocurre.

Evitar juicios automáticos – Cuestionar suposiciones y buscar más información antes de atribuir significados fijos a determinada expresión o postura.

Desarrollar una interpretación precisa del lenguaje corporal exige sensibilidad para reconocer que cada individuo expresa emociones e intenciones de manera única. Cuando tenemos en cuenta factores como la personalidad, las experiencias de vida y el contexto social, conseguimos evitar lecturas superficiales y construir una percepción más fiel de la comunicación no verbal. El error más común es aplicar reglas rígidas y universales a gestos que, en realidad, varían según el individuo. Así, en vez de buscar significados fijos para cada expresión, lo ideal es adoptar un enfoque investigativo y flexible, considerando múltiples señales antes de sacar conclusiones.

La comprensión de las diferencias individuales también fortalece la empatía y mejora las interacciones interpersonales. Cuando reconocemos que no todos expresan emociones de la misma forma, evitamos juicios precipitados y creamos un espacio de comunicación más abierto y respetuoso. Esto es especialmente valioso en ambientes profesionales, donde líderes y colaboradores que saben interpretar correctamente el lenguaje corporal consiguen identificar incomodidades, inseguridades e incluso oportunidades para fortalecer relaciones. En el día a día, esta sensibilidad nos ayuda a conectarnos de manera más genuina con las personas a nuestro alrededor, respetando sus estilos de comunicación.

La verdadera maestría en la lectura del lenguaje corporal no está en la decodificación mecánica de gestos aislados, sino en la capacidad de comprender al otro en su totalidad. Esto implica observar patrones, considerar el historial y el contexto, y, sobre todo, mantener una postura de aprendizaje constante. Cuanto más atentos estemos a las diferencias individuales, más eficaz y humanizada será nuestra comunicación, permitiendo interacciones más ricas, auténticas y significativas.

La lectura corporal, cuando se realiza con sensibilidad a las diferencias individuales, se convierte en una herramienta poderosa para entender mejor las emociones e intenciones de las personas. En lugar de buscar patrones rígidos, el observador atento aprende a identificar matices y contextos, ajustando su interpretación para cada individuo y situación. Al hacer esto, se convierte no solo en un lector más preciso de la comunicación no verbal, sino también en un comunicador más empático y eficaz.

Capítulo 15
Técnica del Espejo

La comunicación humana va mucho más allá de las palabras. A menudo, lo que se dice es solo una pequeña parte de lo que realmente se transmite en una interacción. El cuerpo habla a través de gestos, posturas y expresiones sutiles, y dentro de este universo existe un fenómeno especialmente intrigante: el reflejo especular o *mirroring*. Este fenómeno ocurre cuando dos personas, inconscientemente, comienzan a imitar los movimientos y patrones de comportamiento de la otra, reflejando gestos, postura, expresiones faciales e incluso el ritmo del habla. El *mirroring* es una señal natural de conexión y sintonía, un mecanismo que la mente adopta para crear un vínculo entre interlocutores.

El reflejo especular no sucede por casualidad. Es un vestigio de la necesidad evolutiva de crear lazos y establecer pertenencia dentro de grupos sociales. Desde los orígenes de la humanidad, los individuos que mostraban comportamientos similares a los del grupo tenían mayores posibilidades de aceptación y protección. Este comportamiento sigue presente, aunque de forma inconsciente, en las interacciones modernas. Cuando dos personas están en sintonía, sus cuerpos reaccionan de manera similar. Si una de ellas cruza los brazos, la otra puede, sin darse cuenta, hacer lo mismo. Si un individuo se inclina ligeramente hacia adelante mientras escucha una historia interesante, el otro puede repetir ese movimiento. Este reflejo automático indica empatía y conexión, haciendo la interacción más fluida y agradable.

Observar el reflejo especular en acción puede ser fascinante. En una conversación entre amigos cercanos, por ejemplo, es común notar que ambos adoptan posturas similares a lo largo del diálogo. En relaciones románticas, las parejas frecuentemente se reflejan mutuamente de manera sutil, reforzando la intimidad. Incluso en grupos sociales, como reuniones de trabajo o encuentros casuales, el *mirroring* puede ocurrir cuando hay acuerdo y armonía entre los participantes. Esta sincronía no verbal fortalece la relación interpersonal, creando una sensación de comodidad y entendimiento mutuo.

Además de ser un reflejo natural, el *mirroring* puede utilizarse de forma consciente para generar conexión y construir *rapport*, término utilizado para describir una relación basada en la empatía y la confianza. Cuando una persona refleja ligeramente los gestos y posturas del otro, esto puede crear una sensación de familiaridad y sintonía, facilitando la comunicación y haciendo la conversación más atractiva. Este principio es ampliamente utilizado en áreas como ventas, negociación, psicología e incluso en el campo de la política. Los líderes carismáticos frecuentemente emplean esta técnica para conectar con sus oyentes, ajustando su lenguaje corporal para reflejar el del público, haciendo su presencia más accesible y persuasiva.

Aunque el reflejo especular es una herramienta poderosa, es necesario aplicarlo con sutileza. La imitación exagerada puede tener el efecto contrario al deseado, volviendo la interacción artificial e incómoda. Cuando el *mirroring* es forzado, pierde su carácter natural y puede ser percibido como un intento manipulador. El secreto para utilizarlo de manera eficaz reside en la moderación. Pequeños ajustes en la postura, una leve inclinación corporal o la adaptación al ritmo del habla del interlocutor son suficientes para crear sintonía sin parecer forzado.

El reflejo especular no se limita solo a la postura y los gestos. También puede ocurrir en el tono de voz, en la elección de las palabras e incluso en el ritmo de la respiración. Cuando dos personas comparten un estado emocional similar, sus patrones fisiológicos pueden sincronizarse de manera imperceptible. Este fenómeno es particularmente notable en situaciones de gran empatía, como cuando alguien comparte una experiencia emocionalmente intensa y el oyente, al conectar con el relato, ajusta involuntariamente su tono de voz y expresión facial para reflejar el sentimiento transmitido.

Las investigaciones muestran que el reflejo especular puede aumentar la sensación de confianza entre las personas. En estudios sobre comunicación interpersonal, los individuos cuyos gestos y posturas fueron reflejados reportaron una mayor sensación de comodidad y conexión con sus interlocutores, incluso sin percibir conscientemente que estaban siendo imitados. Este efecto puede aplicarse de manera estratégica en interacciones importantes, como entrevistas de trabajo, presentaciones públicas y negociaciones comerciales.

En el contexto profesional, el uso adecuado del *mirroring* puede ser un diferenciador significativo. En una negociación, por ejemplo, cuando un vendedor ajusta su ritmo y lenguaje corporal de acuerdo con el cliente, aumenta las posibilidades de establecer un vínculo positivo e influir en la decisión de compra. En entrevistas de trabajo, los candidatos que demuestran sintonía con el entrevistador, mediante posturas similares y expresiones coherentes, pueden ser percibidos como más confiables y compatibles con la cultura de la empresa. Los líderes que saben utilizar esta técnica consiguen crear un ambiente de cooperación, volviéndose más accesibles para sus equipos y promoviendo un ambiente de trabajo más armonioso.

El reflejo especular también puede aplicarse en contextos más informales, como interacciones sociales y relaciones personales. Durante una conversación, prestar atención al ritmo y al tono de voz del otro y hacer ajustes sutiles para armonizar la comunicación puede hacer la interacción más atractiva. Este tipo de adaptación inconsciente contribuye a la sensación de proximidad y comprensión, creando una conexión más genuina entre los involucrados.

A pesar de los numerosos beneficios, es esencial recordar que el *mirroring* debe utilizarse siempre de manera ética. El objetivo no debe ser manipular o influir en el comportamiento del otro de forma deshonesta, sino crear un ambiente de comunicación más fluido y natural. Cuando se hace con autenticidad, el reflejo especular se convierte en una herramienta poderosa para fortalecer relaciones y mejorar la calidad de las interacciones interpersonales.

La práctica del *mirroring* puede desarrollarse con el tiempo. Observar interacciones naturales entre personas cercanas, analizar cómo los gestos y posturas se alinean espontáneamente y experimentar pequeñas adaptaciones en la propia comunicación son formas eficaces de mejorar esta habilidad. Cuanto más atento esté alguien al lenguaje corporal de su interlocutor, más fácil será percibir oportunidades para crear sintonía a través del reflejo especular.

En el día a día, esta técnica puede aplicarse en diferentes situaciones para mejorar la comunicación y la conexión interpersonal. En una reunión de negocios, por ejemplo, adoptar una postura similar a la del otro participante puede crear un ambiente de mayor confianza. En un encuentro social, alinearse sutilmente al tono y al ritmo de la conversación puede facilitar la creación de lazos. En una conversación difícil, demostrar empatía a través del lenguaje corporal puede ayudar a disipar tensiones y hacer el diálogo más productivo.

El reflejo especular, cuando se aplica con naturalidad y propósito, transforma interacciones comunes en experiencias más significativas y armoniosas. Funciona como un vínculo invisible entre los interlocutores, reforzando la sensación de pertenencia y comprensión mutua. Ya sea en una negociación estratégica, en un encuentro social o en un momento de apoyo emocional, la capacidad de sintonizarse con el lenguaje corporal del otro puede ser la clave para establecer conexiones más auténticas. Sin embargo, para que esta técnica sea eficaz, es fundamental que vaya acompañada de una escucha activa y de una verdadera intención de conexión, evitando la artificialidad o cualquier rasgo de manipulación.

Cuando se practica con sensibilidad, el *mirroring* se convierte en una herramienta poderosa para fortalecer lazos interpersonales. En el ambiente profesional, ayuda a construir confianza y facilita la colaboración entre equipos. En las relaciones personales, promueve la empatía y la proximidad. Pequeños ajustes en la postura, en la entonación de la voz y en los gestos pueden marcar toda la diferencia en la forma en que somos percibidos y en la manera en que conducimos nuestras interacciones diarias. Saber utilizar esta técnica con sutileza significa mejorar no solo la comunicación, sino también la capacidad de adaptarse y comprender diferentes estilos de expresión.

La verdadera esencia del reflejo especular reside en la armonía que puede crear entre las personas. Más que una estrategia, se trata de una forma de hacer la comunicación más fluida y enriquecedora. Cuando se usa de manera espontánea y respetuosa, refuerza el entendimiento y la sintonía, haciendo las interacciones más naturales y fortaleciendo los lazos humanos en cualquier contexto.

Capítulo 16
Señales Positivas

El lenguaje corporal va mucho más allá de detectar engaños o reconocer emociones negativas. Con frecuencia, las señales más valiosas se encuentran en esos pequeños gestos que denotan apertura, receptividad y conexión entre individuos. Comprender estas señales positivas es clave para interpretar adecuadamente una interacción y lograr una comunicación más efectiva.

Saber cómo el cuerpo comunica comodidad, interés y acuerdo no solo nos permite darnos cuenta de cuándo una conversación va por buen camino, sino también ajustar nuestra propia postura para fomentar un ambiente más armónico.

Una de las señales más comunes de receptividad es la inclinación del cuerpo hacia el interlocutor. Cuando alguien muestra interés y se involucra en la conversación, suele acercarse sutilmente, acortando la distancia física de forma inconsciente. Este gesto revela que la persona se siente cómoda y partícipe en el diálogo. Por otro lado, un alejamiento repentino o un cambio en la dirección del tronco pueden señalar desinterés o incomodidad.

Los brazos y las manos también juegan un papel crucial en la transmisión de señales positivas. Brazos descruzados y relajados indican una postura abierta, sugiriendo que la persona está receptiva a lo que se está diciendo. Mostrar las palmas de las manos hacia arriba, por su parte, denota honestidad y transparencia, mientras que los gestos suaves y cadenciosos refuerzan la fluidez de la comunicación. Movimientos exagerados o abruptos pueden interpretarse como impaciencia o tensión, mientras que gestos naturales y comedidos crean un clima de proximidad y comprensión.

El contacto visual es otro elemento esencial en la expresión de interés y confianza. Mantener una mirada firme, pero no intimidante, demuestra atención y respeto. Cuando alguien sostiene la mirada de forma constante sin que parezca forzado, sugiere que está verdaderamente presente en la conversación. Sin embargo, es importante recordar que la intensidad y duración del contacto visual varían según la cultura y la personalidad del individuo. Mientras que en algunas culturas la mirada directa es señal de sinceridad, en otras puede ser vista como invasiva.

Las sonrisas son quizás las señales positivas más poderosas del lenguaje corporal. Una sonrisa genuina, que involucra no solo los labios, sino también los ojos y los músculos faciales, indica satisfacción, empatía y acogida. Las personas que sonríen durante una conversación crean un ambiente más agradable y transmiten confianza. Sin embargo, existen diferencias entre las sonrisas verdaderas y las sociales. La sonrisa auténtica, también conocida como sonrisa de Duchenne, activa los músculos alrededor de los ojos y es difícil de falsificar. Por otro lado, la sonrisa social, a menudo utilizada por cortesía, se puede identificar por la falta de implicación de los ojos y por una ligera asimetría en los labios.

Los pequeños asentimientos de cabeza también son indicativos de acuerdo y aliento. Cuando alguien realiza pequeños movimientos verticales con la cabeza mientras escucha, sugiere que está siguiendo la conversación y validando lo que se dice. Este gesto puede ser especialmente útil en interacciones sociales y profesionales, ya que refuerza la sensación de que la comunicación está siendo bien recibida.

Otro comportamiento que indica interés y sintonía es el reflejo inconsciente. Cuando dos personas están bien conectadas, sus gestos, expresiones y posturas comienzan a alinearse de manera natural. Este fenómeno, discutido anteriormente, demuestra una sintonía profunda y puede ser un excelente indicativo de que la interacción fluye bien.

La posición de las piernas y los pies también puede ofrecer pistas sobre el nivel de comodidad en una interacción. Los pies orientados hacia el interlocutor indican implicación y atención, mientras que los pies apuntando en otra dirección pueden sugerir un deseo de terminar la conversación. Este detalle, que a menudo pasa desapercibido, puede revelar mucho sobre la disposición de una persona a continuar una interacción.

La postura corporal general también comunica mensajes importantes. Una postura erguida, pero relajada, transmite confianza y apertura. Hombros alineados y pecho ligeramente expandido indican seguridad y disposición para la interacción. Por el contrario, una postura muy rígida puede interpretarse como nerviosismo o tensión, mientras que una postura excesivamente relajada puede sugerir desinterés.

Las expresiones faciales sutiles pueden reforzar las señales positivas en una conversación. Un ligero levantamiento de cejas al inicio de una interacción puede indicar sorpresa o interés genuino. Una expresión relajada, sin tensión en la frente o en los labios, demuestra comodidad y receptividad. Pequeñas señales de implicación emocional, como un brillo en los ojos al hablar de algo apasionante, hacen la comunicación más auténtica y cautivadora.

El lenguaje corporal positivo puede utilizarse de manera consciente para influir en la dinámica de una conversación. En contextos profesionales, por ejemplo, un líder que desea animar a su equipo puede adoptar una postura abierta y acogedora, manteniendo contacto visual y utilizando gestos suaves para reforzar sus palabras. En encuentros sociales, demostrar implicación mediante la inclinación corporal, sonrisas y pequeños asentimientos puede hacer la interacción más agradable y crear un ambiente de mayor conexión.

La forma en que alguien se posiciona en relación al espacio físico también puede indicar apertura o reserva. Las personas que colocan objetos, como bolsos o carpetas, entre ellas y el interlocutor pueden estar creando una barrera inconsciente. Por otro lado, los individuos que mantienen el espacio libre entre sí y los demás generalmente demuestran mayor receptividad y comodidad en la interacción.

El tono de voz y el ritmo del habla también forman parte del lenguaje corporal y pueden reforzar las señales positivas. Un tono de voz estable y moderado transmite calma y confianza, mientras que un ritmo de habla equilibrado indica seguridad y claridad de pensamiento. Evitar interrupciones y permitir pausas naturales en la conversación refuerza la sensación de respeto y atención hacia el interlocutor.

La aplicación consciente de estas señales puede transformar la forma en que alguien se comunica. Al entender y utilizar el lenguaje corporal positivo, es posible crear interacciones más fluidas, construir relaciones más sólidas y establecer un ambiente de mayor confianza. Pequeños ajustes en la postura, la mirada y los gestos pueden marcar una gran diferencia en la forma en que los mensajes son recibidos e interpretados por los demás.

Observar y reconocer señales positivas en el lenguaje corporal de los demás también ayuda a interpretar mejor las interacciones y ajustar el enfoque según sea necesario. Si una persona demuestra señales de interés e implicación, esto puede indicar que la comunicación está siendo bien recibida. Si, por otro lado, las señales positivas desaparecen a lo largo de la conversación, puede ser necesario reevaluar el enfoque e identificar posibles ajustes para mantener la interacción agradable y productiva.

El estudio del lenguaje corporal es un proceso continuo, y cuanto más desarrolla alguien su percepción de las señales positivas, más eficaz se vuelve su comunicación. Practicar la observación atenta y experimentar diferentes formas de ajustar la propia postura y expresiones puede proporcionar un dominio más refinado de la comunicación no verbal.

Comprender y aplicar el lenguaje corporal positivo va más allá de la simple observación; se trata de un ejercicio continuo de percepción y adaptación. Pequeños gestos, cuando se usan de manera intencional, pueden influir significativamente en la forma en que las personas nos perciben y nos responden. Ya sea en el ámbito profesional, en interacciones sociales o incluso en momentos cotidianos, la conciencia de estas señales permite ajustar nuestra comunicación para crear conexiones más genuinas y eficaces. El dominio de estos elementos no solo mejora la interacción interpersonal, sino que también fortalece la autoconfianza, ya que saber interpretar y transmitir señales de receptividad e interés hace la comunicación más asertiva y natural.

Además, cultivar la habilidad de reconocer señales positivas en los demás proporciona una comprensión más profunda del contexto de una conversación. El lenguaje corporal funciona como un reflejo del estado emocional y la disposición de una persona, y captar estas sutilezas puede evitar malentendidos y fortalecer las relaciones interpersonales. Si un interlocutor se muestra implicado, con inclinaciones sutiles, sonrisas auténticas y gestos abiertos, esto indica una atmósfera favorable para el diálogo. Por otro lado, la ausencia de estas señales puede sugerir la necesidad de ajustes en el enfoque para restablecer la conexión y hacer el intercambio más productivo.

El lenguaje corporal positivo, por lo tanto, no es solo una herramienta de comunicación, sino un medio para crear ambientes más acogedores y relaciones más armoniosas. Al integrar estos conocimientos en el día a día, es posible transformar interacciones comunes en experiencias más agradables y significativas. La mejora de esta percepción conduce a una comunicación más empática y eficaz, convirtiendo cada conversación en una oportunidad para fortalecer los lazos interpersonales.

Capítulo 17
Señales Negativas

La comunicación humana no se limita solo a las palabras que pronunciamos; una gran parte de lo que transmitimos surge de nuestros gestos, posturas y expresiones faciales. Mientras que las señales positivas indican receptividad y conexión, las señales negativas revelan incomodidad, desinterés, irritación o incluso hostilidad. Aprender a identificar estas señales es esencial para comprender mejor las emociones ocultas detrás de las interacciones cotidianas.

A menudo, el lenguaje corporal revela sentimientos que las palabras intentan disfrazar, y aquellos que saben observar estas señales logran ajustar su enfoque para evitar conflictos, mejorar la comunicación y crear relaciones más armoniosas.

Entre las señales más evidentes de resistencia o cierre está el cruce de brazos. Aunque este gesto pueda, en algunos casos, ser solo una posición cómoda, frecuentemente indica que la persona está a la defensiva o desinteresada en la conversación. Cuando va acompañado de un semblante serio y una mirada distante, este comportamiento sugiere que el interlocutor puede estar en desacuerdo silenciosamente con lo que se dice o intentando protegerse emocionalmente. Cruzar las piernas también puede reforzar esta postura de distanciamiento, especialmente cuando se combina con el cuerpo girado lejos del hablante.

Otro indicio claro de incomodidad es el desvío frecuente de la mirada. Aunque en algunos casos la mirada evasiva puede ser resultado de la timidez o rasgos de personalidad, cuando ocurre de manera abrupta y repetitiva, puede ser una señal de que la persona desea terminar la interacción o evitar un tema determinado. En conversaciones difíciles, la mirada huidiza puede indicar que alguien está ocultando información o se siente acorralado. Además, cuando los ojos parpadean excesivamente o se mueven rápidamente por el entorno, esto puede revelar nerviosismo o un intento de distracción.

La tensión muscular también delata estados emocionales negativos. Hombros encogidos y mandíbula apretada son señales claras de estrés o frustración. A menudo, las personas que intentan controlar sus emociones acaban tensando involuntariamente el rostro, apretando los labios o frunciendo el ceño. Estos pequeños ajustes, que pueden durar solo unos segundos, revelan que algo incomoda a la persona, incluso si intenta disimularlo con palabras neutras o un tono de voz controlado.

La inquietud corporal es otra señal de que algo no va bien. Movimientos repetitivos, como tamborilear los dedos sobre la mesa, balancear los pies insistentemente o jugar con objetos cercanos, indican impaciencia, ansiedad o incomodidad. Este comportamiento puede manifestarse especialmente en situaciones de tensión, como entrevistas de trabajo, reuniones importantes o discusiones delicadas. Cuanto mayor es la agitación corporal, más probable es que la persona esté intentando manejar una incomodidad interna.

El distanciamiento físico también comunica mensajes poderosos. Cuando alguien se aleja sutilmente durante una conversación, puede estar señalando un deseo inconsciente de finalizar la interacción. En un entorno profesional, un jefe que mantiene una postura rígida y se reclina hacia atrás al escuchar a un empleado puede estar transmitiendo desinterés o escepticismo respecto a lo que se dice. Del mismo modo, una persona que se posiciona lateralmente o gira los pies en otra dirección indica que su atención se está dispersando o que no desea profundizar ese contacto.

La expresión facial juega un papel crucial en la identificación de señales negativas. Los labios apretados o fruncidos revelan preocupación o insatisfacción. Cuando alguien levanta una de las comisuras de la boca de forma asimétrica, esto puede indicar desdén o sarcasmo. Miradas fijas y frías, sin parpadeo natural, suelen interpretarse como intimidación o un intento de imponer autoridad. La ceja arqueada o fruncida puede demostrar duda o reprobación. Pequeños detalles en el rostro, a menudo imperceptibles para la mayoría, portan información valiosa sobre el estado emocional de un interlocutor.

La voz también forma parte de la comunicación no verbal y puede contener indicios de emociones negativas. Cuando alguien responde de manera monótona y sin variaciones en la entonación, puede mostrarse desinteresado o emocionalmente distante. Si el tono de voz se eleva repentinamente, puede indicar irritación o un intento de imposición. Pausas largas y suspiros profundos pueden sugerir frustración o cansancio. Cuando el habla se vuelve más acelerada y fragmentada, puede ser señal de ansiedad o vacilación.

Además de las señales individuales, es importante analizar la combinación de diferentes elementos del lenguaje corporal para una interpretación más precisa. Un único gesto aislado puede no significar mucho, pero cuando varias señales negativas aparecen simultáneamente, el mensaje se vuelve más claro. Alguien que cruza los brazos, desvía la mirada y balancea los pies puede estar impaciente o incómodo. Una persona que tensa la mandíbula, habla en tono seco y mantiene los puños cerrados puede estar reprimiendo ira o frustración.

El contexto de la interacción también es fundamental para interpretar correctamente las señales negativas. En un ambiente formal, los gestos sutiles pueden portar significados más intensos que en un contexto distendido. En una conversación casual entre amigos, un ligero desvío de la mirada puede no tener gran importancia, pero en una negociación de negocios, esa misma actitud puede interpretarse como falta de confianza o vacilación.

Reconocer señales negativas en el lenguaje corporal no significa solo detectar emociones como la ira o la impaciencia, sino también comprender cuándo alguien necesita espacio o apoyo. A menudo, las personas no verbalizan sus incomodidades, pero su cuerpo transmite mensajes que pueden ser interpretados correctamente por un observador atento. Un compañero de trabajo que evita el contacto visual y mantiene los brazos cruzados puede estar afrontando una situación difícil. Un amigo que responde de manera escueta y mantiene una postura cerrada puede estar necesitando apoyo emocional.

Saber identificar estas señales permite ajustar el enfoque durante una conversación. Si un interlocutor empieza a mostrar señales de impaciencia, puede ser un indicio de que la explicación necesita ser más objetiva. Si alguien muestra señales de incomodidad al hablar sobre un tema determinado, es posible suavizar el tono de la conversación o cambiar de tema para evitar situaciones embarazosas. Esta sensibilidad en la interpretación del lenguaje corporal ayuda a crear interacciones más empáticas y eficaces.

Es importante recordar que la lectura del lenguaje corporal no es una ciencia exacta. No todas las señales negativas indican un problema, y no siempre un gesto específico tiene el mismo significado para todas las personas. Cada individuo posee su propia línea base conductual, y los cambios respecto a ese patrón son más significativos que la presencia aislada de un gesto o postura.

Profundizar en la interpretación de las señales negativas del lenguaje corporal no solo mejora la comunicación interpersonal, sino que también permite interacciones más sensibles y estratégicas. Al percibir que alguien demuestra incomodidad, tensión o desinterés, es posible ajustar el propio comportamiento para mitigar posibles malentendidos y evitar conflictos innecesarios. Esta percepción aguda favorece tanto las relaciones personales como las profesionales, posibilitando un diálogo más fluido y respetuoso. La habilidad de identificar estas señales y reaccionar de manera adecuada hace la comunicación más equilibrada y menos propensa a rupturas indeseadas.

Además, comprender el lenguaje corporal negativo permite desarrollar una postura más autoconsciente. A menudo, enviamos señales de cierre o desagrado sin darnos cuenta, afectando la forma en que los demás nos ven e interpretan nuestras intenciones. Observar y ajustar estos comportamientos puede mejorar significativamente la forma en que nos conectamos con los demás, volviéndonos más accesibles y receptivos. Pequeños cambios, como relajar la expresión facial, mantener un tono de voz más estable y adoptar gestos menos defensivos, pueden transformar completamente la dinámica de una conversación y abrir espacio para interacciones más productivas y armoniosas.

Dominar la lectura de las señales negativas del lenguaje corporal es, por lo tanto, una herramienta valiosa para fortalecer las relaciones humanas. Al combinar esta percepción con empatía y flexibilidad en la comunicación, se vuelve más fácil construir un ambiente de entendimiento mutuo, donde los malentendidos se minimizan y la conexión entre las personas se vuelve más auténtica. Así, la capacidad de interpretar y gestionar las señales no verbales transforma cada interacción en una oportunidad para crear vínculos más sólidos y significativos.

Capítulo 18
Emociones y Cuerpo

El cuerpo humano es un reflejo directo de lo que sucede en la mente. Las emociones, incluso cuando no se verbalizan, dejan marcas visibles en la postura, los gestos y la expresión facial. Cada sentimiento genera una reacción física que, a menudo, ocurre de manera involuntaria. La alegría se expresa a través de sonrisas y gestos expansivos; la tristeza se manifiesta en hombros caídos y mirada distante; el miedo puede percibirse por el encogimiento del cuerpo y la tensión muscular. La conexión entre emoción y cuerpo es tan profunda que, en muchos casos, las señales físicas surgen incluso antes de que la persona tome conciencia de lo que está sintiendo.

El estado emocional de un individuo influye directamente en su lenguaje corporal. Cuando alguien se siente confiado y feliz, la postura tiende a ser erguida, los movimientos son fluidos y los músculos están relajados. El contacto visual se vuelve más natural y el tono de voz adquiere variaciones que demuestran entusiasmo. Por otro lado, cuando hay inseguridad o incomodidad, el cuerpo reacciona de forma diferente: la postura se vuelve retraída, los gestos disminuyen y la expresión facial puede cerrarse. Estos cambios son tan sutiles que, a menudo, pasan desapercibidos para la propia persona, pero son captados inconscientemente por quien observa.

La felicidad es una de las emociones más fáciles de identificar en el lenguaje corporal. Una sonrisa genuina, conocida como sonrisa de Duchenne, involucra no solo los labios, sino también los músculos alrededor de los ojos, creando pequeñas arrugas en el rabillo del ojo. Este tipo de sonrisa es difícil de falsificar, ya que requiere una activación muscular espontánea asociada a la alegría verdadera. Además de la sonrisa, otras señales de felicidad incluyen un andar más ligero, un ritmo de habla animado y gestos más frecuentes y sueltos. Las personas felices también tienden a inclinar ligeramente la cabeza mientras escuchan, demostrando implicación y simpatía.

La tristeza, por otro lado, se refleja en una serie de comportamientos corporales característicos. Los hombros caídos, la postura encorvada y los movimientos lentos son señales de desánimo. La mirada puede fijarse en el suelo o perder el foco, y la expresión facial se vuelve más apagada, con poco movimiento de los músculos. Cuando alguien está triste, los gestos de autoconsuelo pueden volverse más frecuentes, como frotarse las manos, abrazar el propio cuerpo o tocarse el rostro repetidamente. Estas acciones son intentos inconscientes de aliviar la sensación de malestar emocional.

El miedo y la ansiedad también tienen manifestaciones corporales claras. El cuerpo se pone rígido, los músculos se contraen y la respiración se vuelve más rápida y superficial. Los ojos pueden abrirse desmesuradamente en respuesta a una amenaza percibida, y la persona puede inclinar ligeramente la cabeza hacia atrás, como si intentara alejarse del peligro. Otra señal común del miedo es el aumento de la inquietud corporal, como balancear los pies, morderse las uñas o jugar repetidamente con objetos. En situaciones de ansiedad extrema, la persona puede incluso presentar temblores sutiles en las manos o un ligero sudor en las palmas.

La ira es una emoción intensa que se manifiesta de forma visible en el cuerpo. La musculatura se contrae, especialmente en la región de la mandíbula y los puños. Las cejas se juntan, creando arrugas profundas en la frente, y los ojos pueden fijarse intensamente en el interlocutor. En algunas situaciones, la ira genera movimientos bruscos y una postura de confrontación, con el pecho henchido y el cuerpo proyectado hacia adelante. En casos más extremos, la persona puede apretar los puños o los labios, conteniendo la tensión antes de expresarla verbalmente.

El asco y el desprecio son emociones que, aunque sutiles, poseen señales específicas en el lenguaje corporal. El asco generalmente se expresa por una ligera contracción de la nariz y la elevación del labio superior, como si la persona estuviera oliendo algo desagradable. Por su parte, el desprecio se manifiesta mediante una sonrisa asimétrica, en la que solo un lado de la boca se eleva, acompañada de una mirada de superioridad. Ambos sentimientos pueden detectarse en fracciones de segundo, apareciendo rápidamente antes de que la persona intente disimularlos.

El amor y el afecto también se reflejan en el cuerpo de manera notable. El contacto visual prolongado, las sonrisas frecuentes y los gestos suaves son señales de cercanía emocional. Cuando a alguien le gusta otra persona, la tendencia es inclinarse más cerca durante la conversación y reflejar los movimientos del otro inconscientemente. El tacto también juega un papel fundamental en la demostración de afecto: un toque ligero en el brazo, un ajuste en la ropa del otro o un contacto prolongado al tomar las manos son formas sutiles de expresar cariño sin necesidad de palabras.

Además de las emociones primarias, existen estados emocionales más sutiles que también se reflejan en el lenguaje corporal. El aburrimiento, por ejemplo, puede identificarse por el desvío frecuente de la mirada, el apoyo de la cabeza en las manos y los movimientos repetitivos, como tamborilear los dedos sobre la mesa. La impaciencia se manifiesta por el ritmo acelerado de los movimientos, como balancear las piernas o mirar el móvil constantemente. Por otro lado, la sorpresa se caracteriza por el levantamiento de las cejas, el aumento momentáneo del tamaño de los ojos y, en algunos casos, por la apertura de la boca.

Las emociones no solo influyen en el cuerpo, sino que también pueden ser influenciadas por él. Investigaciones indican que adoptar una postura de confianza, como mantener el pecho abierto y los hombros alineados, puede aumentar la sensación de seguridad interna. Del mismo modo, forzar una sonrisa durante unos segundos puede estimular la liberación de neurotransmisores relacionados con el bienestar, mejorando temporalmente el estado de ánimo. Este fenómeno demuestra que la relación entre cuerpo y mente es una vía de doble sentido: mientras las emociones moldean la postura, la postura también puede moldear las emociones.

Comprender la conexión entre emociones y lenguaje corporal permite no solo interpretar mejor a los demás, sino también regular las propias reacciones. En situaciones de estrés, controlar la respiração y relajar los músculos puede reducir la sensación de ansiedad. Al tratar con alguien irritado, reconocer las señales físicas de tensión puede ayudar a evitar una confrontación innecesaria. La lectura de las emociones a través del cuerpo ofrece una herramienta poderosa para mejorar la comunicación y fortalecer las relaciones.

La percepción emocional no se basa solo en un único gesto o expresión, sino en la combinación de múltiples señales que ocurren simultáneamente. Observar el contexto, el tono de voz y el historial conductual de la persona es esencial para interpretar correctamente sus emociones. Una sonrisa puede indicar felicidad, pero también puede ser un intento de esconder tristeza. Una mirada distante puede sugerir desinterés, pero también puede ser señal de una reflexión profunda. Cada persona expresa sus emociones de manera única, y la lectura corporal eficaz exige sensibilidad para percibir estos matices.

La relación entre emociones y cuerpo no es solo un reflejo involuntario de los sentimientos, sino también una herramienta de comunicación poderosa. Saber reconocer e interpretar estas manifestaciones permite interacciones más empáticas y auténticas, fortaleciendo los vínculos interpersonales. Además, esta conexión entre mente y cuerpo puede explorarse de manera consciente para influir en los estados emocionales internos y mejorar el bienestar. Pequeños ajustes en la postura, el tono de voz o la respiración pueden suavizar emociones negativas e intensificar las positivas, creando un impacto significativo en cómo nos sentimos y nos relacionamos con los demás.

A lo largo de la vida, aprendemos a modular nuestras expresiones y gestos para adaptarnos a diferentes situaciones sociales. Sin embargo, incluso las señales más sutiles pueden revelar mucho sobre nuestro estado interno. El desafío reside en desarrollar una percepción aguda para comprender no solo a los demás, sino también a nosotros mismos. Al volvernos más atentos a las señales que nuestro cuerpo transmite, adquirimos un mayor control sobre nuestras reacciones emocionales y podemos responder a las situaciones de manera más equilibrada. Este dominio de la comunicación no verbal nos ayuda a evitar malentendidos, a construir relaciones más genuinas y a navegar con más seguridad por los desafíos cotidianos.

La conciencia de esta interconexión entre emociones y cuerpo es, por lo tanto, una herramienta valiosa para mejorar la comunicación y fortalecer las conexiones humanas. Cuanto más desarrollamos nuestra capacidad de interpretar y regular el lenguaje corporal, más capaces nos volvemos de influir positivamente en nuestras interacciones y emociones. Esta percepción refinada nos permite no solo descifrar los sentimientos ajenos, sino también ajustar nuestra propia postura para crear ambientes de mayor comprensión y armonía.

Capítulo 19
Autocontrol Corporal

La comunicación no verbal no se limita únicamente a la observación de los demás. Así como es posible interpretar gestos y expresiones ajenas, también es esencial aprender a controlar el propio lenguaje corporal para transmitir el mensaje deseado. A menudo, la postura, el tono de voz y los movimientos involuntarios revelan emociones que nos gustaría ocultar y, sin el debido control, pueden perjudicar la manera en que somos percibidos. Desarrollar el autocontrol corporal permite proyectar confianza, mejorar la presencia en situaciones sociales y profesionales, y evitar que emociones como el nerviosismo, la inseguridad o la irritación interfieran en la comunicación.

El primer paso para mejorar el autocontrol corporal es la conciencia. Gran parte de los gestos y expresiones que utilizamos a diario se realizan de forma automática, sin que nos demos cuenta de su impacto. Alguien que cruza los brazos con frecuencia puede estar transmitiendo un mensaje de cierre o distanciamiento, incluso sin intención. Una persona que evita el contacto visual al hablar puede parecer insegura, aunque esté convencida de lo que dice. El primer paso para controlar el propio lenguaje corporal es observarse a sí mismo con atención, identificando patrones que puedan estar proyectando una imagen no deseada.

Una técnica eficaz para desarrollar esta conciencia es el uso de espejos o grabaciones en vídeo. Al observar cómo los gestos, posturas y expresiones se manifiestan en diferentes situaciones, resulta más fácil reconocer lo que necesita ser ajustado. Muchos profesionales de la comunicación y el liderazgo utilizan esta estrategia para perfeccionar su presencia en público, entrenando expresiones faciales, gestos y postura hasta que transmitan exactamente el mensaje deseado.

La postura es uno de los elementos fundamentales del autocontrol corporal. Una postura erguida, con los hombros alineados y la cabeza alta, transmite confianza y seguridad. En cambio, una postura encorvada, con los hombros caídos y la mirada dirigida hacia abajo, puede sugerir desánimo o inseguridad. Ajustar la postura no solo mejora la percepción de los demás, sino que también influye en cómo se siente la propia persona. Estudios demuestran que mantener una "postura de poder" durante unos minutos antes de una situación desafiante, como una presentación o entrevista, puede reducir los niveles de cortisol (la hormona del estrés) y aumentar la sensación de autoconfianza.

El control de la expresión facial es otro aspecto esencial. Expresiones involuntarias pueden revelar emociones que preferiríamos mantener en privado, como impaciencia, frustración o nerviosismo. Mantener el rostro relajado, evitando tensión en la frente o en los labios, ayuda a proyectar una imagen más tranquila y controlada. La sonrisa también es una aliada poderosa en la comunicación: una sonrisa genuina transmite accesibilidad y crea un ambiente positivo, pero una sonrisa forzada puede detectarse fácilmente y generar desconfianza.

El contacto visual equilibrado es uno de los factores más importantes en la percepción de la confianza. Desviar la mirada constantemente puede transmitir inseguridad, mientras que mirar fijamente puede interpretarse como intimidación. Lo ideal es mantener el contacto visual de forma natural, alternando momentos de mirada directa con pequeñas pausas para no hacer incómoda la interacción. Practicar este equilibrio frente al espejo o en interacciones cotidianas puede ayudar a desarrollar una mirada más segura y natural.

Los gestos también deben controlarse para evitar que transmitan mensajes erróneos. Movimientos excesivos de las manos pueden denotar ansiedad o impaciencia, mientras que gestos muy contenidos pueden hacer la comunicación rígida y poco atractiva. Lo ideal es utilizar gestos moderados que refuercen el discurso sin distraer al interlocutor. En situaciones de alta presión, como entrevistas de trabajo o discursos públicos, mantener las manos firmes y evitar movimientos repetitivos ayuda a proyectar más credibilidad.

La respiración desempeña un papel fundamental en el control del lenguaje corporal. Cuando una persona está nerviosa, su respiración tiende a volverse corta y rápida, lo que puede afectar el tono de voz y aumentar la sensación de ansiedad. Controlar la respiración, inspirando profundamente y espirando lentamente, ayuda a mantener el cuerpo relajado y la voz estable. Las técnicas de respiración son ampliamente utilizadas por conferenciantes y actores para controlar el nerviosismo antes de actuaciones importantes.

Otro aspecto esencial del autocontrol corporal es la gestión de la tensión muscular. Cuando alguien está bajo estrés, los músculos del rostro, hombros y manos suelen contraerse involuntariamente. Esta tensión puede ser percibida por los demás e influir en cómo se ve a la persona. Técnicas de relajación, como estiramientos, meditación o simplemente prestar atención a la propia postura a lo largo del día, ayudan a reducir esta tensión y a mantener un cuerpo más suelto y natural.

La voz también forma parte de la comunicación no verbal y puede ajustarse para transmitir más confianza. Hablar de manera acelerada puede demostrar nerviosismo, mientras que un habla excesivamente pausada puede parecer artificial. Lo ideal es encontrar un ritmo equilibrado, permitiendo pausas naturales y variando la entonación para mantener el interés del oyente. La respiración profunda y el control del volumen de la voz son estrategias eficaces para garantizar que la comunicación sea clara y atractiva.

En situaciones de conflicto o presión, mantener el autocontrol corporal es esencial para evitar que las emociones negativas se apoderen de la interacción. Muchas veces, reacciones impulsivas, como gestos bruscos o expresiones de irritación, pueden agravar un desacuerdo. Controlar estos impulsos, respirando hondo y ajustando la postura antes de responder, permite que la comunicación se desarrolle de manera más racional y eficaz. Los profesionales que se dedican a negociaciones, atención al público o gestión de equipos saben la importancia de mantener un lenguaje corporal neutro y controlado para evitar que las emociones interfieran en la toma de decisiones.

El autocontrol corporal no significa reprimir emociones, sino aprender a gestionarlas para que se expresen de la mejor manera posible. Las emociones genuinas son parte de la comunicación humana y pueden fortalecer una interacción cuando se expresan adecuadamente. El secreto está en encontrar un equilibrio entre autenticidad y control, asegurando que el lenguaje corporal esté alineado con el mensaje que se desea transmitir.

Entrenar el autocontrol corporal requiere práctica y paciencia. Pequeños cambios en el día a día, como ajustar la postura al caminar, prestar atención a los gestos al hablar y controlar la respiración en momentos de estrés, contribuyen al desarrollo de esta habilidad. Cuanta más conciencia tenga una persona sobre su propio lenguaje corporal, más fácil será ajustarlo a diferentes contextos, ya sea en una reunión de negocios, una conversación informal o una presentación pública.

La práctica del autocontrol corporal no solo mejora la forma en que somos percibidos por los demás, sino que también fortalece nuestra autoconfianza y bienestar emocional. Pequeños ajustes en la postura, la mirada y la entonación de la voz crean una presencia más segura y equilibrada, reflejando un mayor dominio sobre nuestras propias emociones. Este control consciente permite que la comunicación sea más clara e impactante, independientemente del contexto. Al fin y al cabo, transmitir seguridad y serenidad, incluso en situaciones desafiantes, puede marcar la diferencia en el resultado de una interacción.

Además, el dominio del lenguaje corporal nos ayuda a evitar que emociones momentáneas saboteen nuestro mensaje. Expresiones de impaciencia o gestos nerviosos pueden minar la credibilidad, mientras que una postura firme y una mirada atenta refuerzan la confianza y la autoridad. Practicar este equilibrio es una estrategia valiosa para quien desea destacar en entornos profesionales, fortalecer relaciones interpersonales y transmitir sus ideas con mayor eficacia. La percepción refinada del propio cuerpo también contribuye a una mayor inteligencia emocional, facilitando el autocontrol ante desafíos e imprevistos.

El desarrollo del autocontrol corporal, por lo tanto, va más allá de la simple modulación de gestos o expresiones; se trata de una herramienta poderosa para mejorar la comunicación y cultivar un comportamiento más consciente y estratégico. Al alinear el lenguaje corporal con la intención comunicativa, creamos interacciones más auténticas e impactantes, fortaleciendo nuestra presencia en cualquier ambiente. Cuanto más entrenamos esta habilidad, más natural y espontáneo se vuelve el dominio sobre nuestras expresiones, permitiéndonos presentarnos al mundo de manera confiada y coherente.

Capítulo 20
Expresar Confianza

La manera en que una persona se presenta al mundo influye directamente en cómo los demás la perciben. La confianza, uno de los rasgos más valorados en las interacciones personales y profesionales, no se transmite únicamente con palabras, sino también mediante la postura, el tono de voz y el lenguaje corporal en su conjunto. Las personas que expresan confianza sin necesidad de afirmar verbalmente su seguridad suelen ser vistas como más persuasivas, carismáticas e influyentes. Desarrollar esta habilidad no solo mejora la comunicación interpersonal, sino que también puede impactar positivamente la forma en que alguien es tratado en diversas situaciones.

El primer elemento que refleja autoconfianza es la postura. Una postura erguida, con los hombros rectos y la barbilla ligeramente elevada, transmite seguridad y control sobre el entorno. Por el contrario, un cuerpo encogido, con los hombros curvados y la cabeza baja, puede indicar vacilación o falta de convicción. Las personas seguras ocupan el espacio de forma equilibrada, sin parecer retraídas ni excesivamente expansivas. Ajustar la postura conscientemente no solo mejora la percepción de los demás, sino que también refuerza internamente la sensación de autoconfianza.

El contacto visual desempeña un papel crucial en la manera en que se percibe la confianza. Mantener una mirada firme, sin ser intimidante, demuestra credibilidad y asertividad. Desviar constantemente la mirada puede sugerir inseguridad o incomodidad, mientras que una mirada demasiado fija puede interpretarse como agresiva. Lo ideal es establecer un contacto visual equilibrado, acompañando la conversación de manera natural y atenta. En situaciones formales, como entrevistas de trabajo o presentaciones, mantener un contacto visual adecuado crea una conexión más fuerte con los oyentes, reforzando el mensaje transmitido.

Los gestos también son herramientas poderosas para expresar confianza. Movimientos controlados, naturales y coherentes con el habla demuestran convicción y hacen la comunicación más atractiva. Evitar gestos excesivos o muy contenidos es esencial para que el mensaje se transmita con claridad. Las personas que hablan gesticulando con fluidez tienden a parecer más cautivadoras y persuasivas, mientras que gestos descoordinados pueden indicar nerviosismo. Además, mantener las palmas de las manos visibles y hacia arriba transmite honestidad y transparencia, mientras que esconder las manos en los bolsillos o cruzarlas puede interpretarse como cerrazón o incomodidad.

El tono de voz es otro factor determinante en la percepción de la confianza. Hablar con claridad, a un ritmo moderado y con entonación firme, aumenta la credibilidad del mensaje. Un tono de voz tembloroso o vacilante puede sugerir incertidumbre, mientras que una voz muy alta puede parecer agresiva. La variación en la entonación hace el habla más interesante y demuestra control sobre la comunicación. Las personas seguras utilizan pausas estratégicas para reforzar sus puntos, evitando hablar rápidamente o de forma atropellada.

La expresión facial también comunica confianza de manera sutil pero eficaz. Un rostro relajado, con una leve sonrisa y las cejas en posición neutra, transmite accesibilidad y seguridad. Expresiones tensas o excesivamente serias pueden generar distanciamiento, mientras que una sonrisa genuina puede hacer la interacción más agradable. La autenticidad es esencial: sonrisas forzadas o expresiones exageradas pueden percibirse fácilmente y generar desconfianza.

El dominio del propio espacio físico refuerza la percepción de seguridad. Las personas seguras no demuestran prisa excesiva al moverse, ni hacen gestos descoordinados. Movimientos precisos y controlados demuestran conciencia corporal y autocontrol. Además, el posicionamiento adecuado en el ambiente influye en la percepción de los demás. Sentarse con firmeza, manteniendo el tronco alineado y los pies plantados en el suelo, refuerza la imagen de estabilidad y seguridad. Estar de pie de manera equilibrada, sin oscilar o apoyarse excesivamente en un lado, demuestra control y presencia.

La velocidad y la fluidez de la comunicación verbal también afectan la percepción de la confianza. Responder rápidamente, sin excesiva vacilación, muestra preparación y dominio del tema. Sin embargo, es importante evitar atropellar las palabras o hablar a un ritmo acelerado, ya que esto puede indicar ansiedad. Pausas naturales entre frases y una respiración controlada ayudan a transmitir una imagen más segura y serena.

Además de transmitir confianza a los demás, el lenguaje corporal también influye en la propia mente. Estudios indican que adoptar posturas expansivas, conocidas como "posturas de poder", puede aumentar temporalmente la sensación de autoconfianza y reducir los niveles de estrés. Estas posturas implican mantener el cuerpo abierto, los brazos separados del tronco y la columna erguida. Solo unos minutos en una postura de poder pueden impactar la forma en que la persona se siente y se comporta en situaciones importantes.

La confianza expresada por el lenguaje corporal debe ir siempre acompañada de coherencia entre palabras y acciones. Cuando hay una desconexión entre lo que se dice y lo que el cuerpo comunica, la credibilidad se ve afectada. Un discurso seguro, pero acompañado de gestos nerviosos y posturas retraídas, puede generar dudas sobre la autenticidad del mensaje. Por eso, es esencial alinear la comunicación verbal y no verbal para garantizar una presentación coherente e impactante.

Desarrollar la capacidad de expresar confianza requiere práctica y observación continua. Pequeños ajustes diarios en la postura, el tono de voz y los gestos pueden marcar una gran diferencia en cómo se percibe a alguien. Practicar frente al espejo, grabarse hablando o pedir feedback a amigos y colegas son estrategias útiles para perfeccionar la comunicación no verbal. Cuanto más consciente se vuelve el control del propio lenguaje corporal, más natural y auténtica será la proyección de confianza.

En entornos profesionales, la forma en que se demuestra la confianza puede impactar directamente el éxito de un individuo. Los líderes que se expresan con seguridad inspiran respeto y motivan a sus equipos. Los profesionales que comunican confianza en reuniones y presentaciones son más persuasivos y tienen mayor facilidad para ganar credibilidad. En negociaciones, la postura segura puede influir en el resultado, transmitiendo firmeza y control sobre la situación.

En las interacciones sociales, la confianza demostrada por el lenguaje corporal afecta la forma en que los demás responden. Las personas que se presentan de manera segura tienden a ser mejor recibidas y a generar una impresión positiva en los primeros minutos de una conversación. La comunicación fluida y abierta facilita la construcción de relaciones, haciendo las interacciones más naturales y agradables.

La percepción de la confianza también está influenciada por la consistencia. Una persona que se comporta de manera segura solo en algunas situaciones, pero demuestra inseguridad en otras, puede generar dudas sobre su autenticidad. La práctica continua de la comunicación no verbal fortalece la naturalidad en la expresión de la confianza, convirtiéndola en un rasgo más evidente y estable a lo largo del tiempo.

La confianza expresada por el lenguaje corporal no se trata solo de apariencia, sino de un reflejo genuino del estado interno de una persona. Cuando el cuerpo transmite seguridad de forma auténtica, esto impacta positivamente tanto en la percepción de los demás como en la forma en que el individuo se siente. Pequeños ajustes en la postura, el tono de voz y los gestos crean una presencia más firme y convincente, haciendo las interacciones más fluidas e impactantes. Además, la práctica constante del autocontrol corporal fortalece la coherencia entre el mensaje verbal y no verbal, eliminando señales involuntarias de vacilación o incomodidad.

Con el tiempo, la capacidad de demostrar confianza se vuelve más natural e integrada en el comportamiento cotidiano. Esto no significa eliminar por completo señales de nerviosismo o inseguridad, sino aprender a gestionarlas para que no dominen la comunicación. La percepción atenta del propio lenguaje corporal y la aplicación de técnicas de ajuste progresivo ayudan a construir una presencia más asertiva e influyente. Profesionales, líderes y cualquier persona que desee destacar en interacciones interpersonales pueden beneficiarse de esta habilidad, pues la confianza transmitida por el cuerpo es un factor decisivo en la construcción de credibilidad y respeto.

Expresar confianza, por lo tanto, va más allá de técnicas superficiales; se trata de un equilibrio entre autoconocimiento, práctica y coherencia. Cuanto más alineado esté el lenguaje corporal con la verdadera seguridad interior, más natural y persuasiva será la comunicación. Ya sea en un entorno profesional, social o incluso en los desafíos del día a día, la manera en que nos presentamos al mundo moldea la forma en que somos percibidos. Desarrollar esta habilidad con autenticidad abre puertas, fortalece relaciones y potencia el impacto de la presencia personal en cualquier situación.

Capítulo 21
Influencia Positiva

El lenguaje corporal tiene un impacto profundo en la manera como las personas se relacionan e interactúan. Cuando se utiliza de forma consciente y positiva, se convierte en una herramienta poderosa para fortalecer conexiones, influir en percepciones y crear un ambiente de comunicación más armonioso. La influencia positiva no se trata de manipulación ni de persuasión forzada, sino del uso estratégico de la comunicación no verbal para generar confianza, fomentar el diálogo y construir relaciones saludables en diferentes contextos. Pequeños ajustes en la postura, en los gestos y en la expresión facial pueden transformar la manera en que una persona es percibida, haciendo sus interacciones más eficaces y atractivas.

El primer elemento esencial para ejercer una influencia positiva es demostrar apertura y receptividad. Mantener una postura relajada, sin cruzar los brazos ni inclinar el cuerpo hacia atrás en exceso, transmite un mensaje de accesibilidad. Cuando alguien se posiciona de manera receptiva, los demás tienden a responder de forma similar, creando un ciclo de comunicación más natural y fluido. El cuerpo actúa como un espejo que refleja la disposición emocional: si una persona adopta una postura cerrada y defensiva, esto puede desalentar la interacción; si, por el contrario, presenta un lenguaje corporal acogedor, las posibilidades de establecer una conexión aumentan significativamente.

El contacto visual desempeña un papel fundamental en la influencia positiva. Mirar directamente al interlocutor, sin exagerar, demuestra interés y respeto. Cuando alguien mantiene un contacto visual equilibrado durante una conversación, la sensación de implicación se refuerza, haciendo la comunicación más envolvente. Sin embargo, es importante evitar miradas fijas e intensas, que pueden interpretarse como intimidación. La naturalidad en la mirada transmite seguridad y favorece una interacción más cómoda y sincera.

Los gestos también son elementos esenciales en la creación de una influencia positiva. Movimientos suaves y naturales, que acompañan el habla de manera fluida, hacen la comunicación más dinámica y accesible. El uso controlado de las manos para enfatizar puntos importantes demuestra entusiasmo y claridad en el mensaje. Por otro lado, gestos bruscos o excesivos pueden transmitir impaciencia o ansiedad, perjudicando la armonía de la interacción. La moderación es la clave para que los gestos contribuyan a la fluidez de la comunicación, sin convertirse en una distracción.

La expresión facial complementa los gestos y refuerza la influencia positiva. Una sonrisa genuina crea un ambiente de simpatía y conexión, facilitando el acercamiento entre las personas. Cuando la expresión facial está alineada con el tono de la conversación, la comunicación se vuelve más auténtica. Expresiones neutras o excesivamente serias pueden dificultar la interacción, mientras que expresiones cálidas y amigables hacen el ambiente más acogedor. Pequeños ajustes, como levantar ligeramente las cejas al escuchar algo interesante o asentir con la cabeza en señal de conformidad, pueden marcar una gran diferencia en la forma como se recibe el mensaje.

La influencia positiva también puede ejercerse a través de la sincronía en la comunicación. Cuando dos personas están en sintonía, sus movimientos y posturas tienden a alinearse naturalmente. Este fenómeno, conocido como efecto espejo (o 'mirroring'), ocurre de forma espontánea cuando hay empatía y conexión genuina. Sin embargo, el reflejo también puede aplicarse de manera consciente para fortalecer vínculos. Ajustar levemente la postura para acompañar la del interlocutor o adaptar el ritmo del habla al suyo puede generar una sensación de familiaridad y sintonía, haciendo la interacción más atractiva. El secreto está en la sutileza: un reflejo exagerado puede parecer forzado y artificial, mientras que una adaptación natural refuerza la conexión de manera auténtica.

El tono de voz es otro factor determinante en la forma como se percibe la influencia positiva. Hablar con un tono equilibrado, sin prisa ni vacilación excesiva, transmite confianza y credibilidad. La variación en la entonación evita que el habla suene monótona y mantiene el interés del interlocutor. La manera como se pronuncian las palabras influye directamente en la recepción del mensaje. Un tono acogedor y tranquilo puede aliviar tensiones en una conversación difícil, mientras que una entonación firme puede reforzar un posicionamiento de liderazgo y seguridad.

La ocupación del espacio también contribuye a la influencia positiva. Las personas que demuestran comodidad en su propio espacio físico proyectan una imagen de seguridad y control. Sentarse o permanecer de pie de forma equilibrada, sin demostrar agitación ni vacilación, refuerza la presencia personal. Movimientos controlados y posturas estables ayudan a transmitir una sensación de autoridad natural, sin necesidad de imposición.

La influencia positiva se manifiesta de manera especialmente poderosa en entornos profesionales. Los líderes que utilizan el lenguaje corporal de forma eficaz logran inspirar a sus equipos, crear un ambiente de trabajo más productivo y construir relaciones de confianza. Un líder que mantiene contacto visual con su equipo, adopta una postura abierta y utiliza gestos envolventes tiene mayor facilidad para motivar e implicar a sus colaboradores. La comunicación clara y asertiva, acompañada por un lenguaje corporal alineado, fortalece la credibilidad y el liderazgo.

En las negociaciones, la influencia positiva puede determinar el éxito de un acuerdo. Mantener una postura relajada y segura, evitar cruzar los brazos o demostrar impaciencia y utilizar pausas estratégicas en el habla son estrategias eficaces para crear un ambiente de confianza. Un negociador que transmite seguridad y receptividad tiene mayor probabilidad de obtener un resultado favorable, pues su lenguaje corporal refuerza su credibilidad. El equilibrio entre firmeza y accesibilidad hace la negociación más eficiente y productiva.

En el contexto social, la influencia positiva puede aplicarse para fortalecer lazos y mejorar la calidad de las interacciones. Demostrar interés genuino por los demás a través del lenguaje corporal crea un ambiente de conexión y cercanía. Pequeños gestos, como inclinarse ligeramente hacia adelante al escuchar una historia o mantener una sonrisa espontánea durante la conversación, hacen la interacción más atractiva y significativa. Las personas tienden a sentirse más valoradas cuando perciben que el otro está verdaderamente presente en la comunicación.

La práctica de la influencia positiva requiere autoconocimiento y conciencia corporal. Observar el propio lenguaje corporal en diferentes situaciones ayuda a identificar patrones que pueden ajustarse para perfeccionar la comunicación. Pequeños cambios en la postura, en la expresión facial y en el tono de voz pueden generar grandes impactos en la manera como se conducen las interacciones. La percepción de las reacciones de los demás también proporciona indicios sobre la eficacia de la influencia ejercida, permitiendo ajustes sutiles para mejorar la conexión interpersonal.

La influencia positiva no se basa solo en el lenguaje corporal aislado, sino en la coherencia entre palabras, gestos e intenciones. Cuando hay armonía entre la comunicación verbal y no verbal, el mensaje se vuelve más claro y convincente. Las personas que demuestran autenticidad y confianza a través de su presencia física son naturalmente más persuasivas y carismáticas. La consistencia en la expresión del lenguaje corporal refuerza la credibilidad y fortalece la percepción de confianza y respeto.

El desarrollo de la influencia positiva a través del lenguaje corporal no se limita a ajustes momentáneos o estrategias puntuales, sino que se construye de manera continua, a medida que la persona se vuelve más consciente de su comunicación y del impacto que genera. La práctica constante de estos principios lleva a una presencia más notable y auténtica, haciendo las interacciones más fluidas y naturales. Además, la observación atenta del comportamiento ajeno permite un ajuste más refinado de las propias actitudes, garantizando que la comunicación sea siempre receptiva y adecuada al contexto, sin parecer forzada o artificial.

Cuando la influencia positiva se convierte en parte de la identidad de alguien, su efecto se extiende más allá de las palabras y gestos, moldeando la forma en que esa persona es percibida y cómo influye en el ambiente a su alrededor. Líderes carismáticos, negociadores eficaces e individuos socialmente atractivos comparten esta capacidad de alinear su presencia física con sus intenciones y valores, creando una comunicación más impactante. El dominio del lenguaje corporal favorece no solo relaciones interpersonales más armoniosas, sino también el crecimiento personal y profesional, permitiendo que cada interacción se transforme en una oportunidad de conexión y construcción de confianza.

La influencia positiva no es un conjunto de técnicas aisladas, sino una expresión de la autenticidad y del respeto en las interacciones humanas. Cuando palabras, gestos e intenciones se encuentran en sintonía, la comunicación se vuelve poderosa y genuina, fortaleciendo lazos y ampliando posibilidades. El lenguaje corporal, cuando se utiliza con conciencia y propósito, no solo transmite mensajes, sino que refuerza valores, inspira confianza y deja una marca duradera en cada intercambio de miradas, apretón de manos o sonrisa compartida.

Capítulo 22
Señales de Mentira

La mentira, por muy sofisticada que sea, deja huellas. El cuerpo, incluso entrenado, tiene dificultades para ocultar los reflejos naturales que surgen ante el disimulo. No existe una única señal infalible que indique con certeza que alguien está mintiendo, sino un conjunto de microexpresiones, gestos involuntarios y cambios de comportamiento que, si se observan con atención, pueden revelar incongruencias entre lo que se dice y lo que se manifiesta físicamente. El secreto reside en la lectura contextual: el cuerpo delata lo que la mente intenta ocultar.

En primer lugar, es fundamental comprender que la mentira genera un conflicto interno. El cerebro necesita coordinar la historia ficticia mientras mantiene una apariencia de naturalidad. Esta sobrecarga cognitiva puede manifestarse de diversas formas en el cuerpo, desde pequeñas alteraciones en el tono de voz hasta sutiles cambios en la postura. El problema para el mentiroso es que su mente se concentra en mantener la coherencia verbal, dejando escapar señales no verbales que delatan su incomodidad.

Los ojos son frecuentemente señalados como los delatores de la mentira. Uno de los mitos más extendidos es que una persona que miente evitará el contacto visual. Aunque esto puede ocurrir, no es una regla universal. Algunos individuos entrenados en el disimulo hacen exactamente lo contrario: sostienen la mirada de forma exagerada, intentando compensar la impresión de que podrían estar ocultando algo. Lo verdaderamente revelador, en realidad, son los cambios súbitos en la frecuencia del contacto visual. Alguien que normalmente mantiene una mirada fluida puede, al mentir, desviar los ojos por un breve instante en momentos específicos de su discurso. Pequeños movimientos laterales de los ojos, generalmente rápidos e involuntarios, también pueden indicar vacilación o una búsqueda interna de coherencia en la historia contada.

El rostro, ese escenario de emociones espontáneas, suele exhibir microexpresiones incompatibles con el discurso del mentiroso. Una sonrisa nerviosa puede aparecer y desaparecer en milisegundos, un ceño fruncido puede surgir antes de que la voz termine una frase supuestamente tranquila. Estas microexpresiones, estudiadas por expertos como Paul Ekman, son respuestas emocionales genuinas que se escapan antes de que el individuo consiga suprimirlas. Una persona que afirma estar confiada, pero deja traslucir un destello de preocupación, puede estar ocultando algo.

Además de las expresiones faciales, el cuerpo entero puede delatar inconsistencias. Las manos son particularmente reveladoras. Cuando alguien está cómodo y diciendo la verdad, gesticula de manera fluida y natural, acompañando el ritmo del habla. En cambio, un mentiroso puede presentar gestos mecánicos, entrecortados o incluso una ausencia repentina de gesticulación. Algunas personas esconden las manos en los bolsillos o las mantienen rígidas sobre una superficie, como si temieran que un movimiento descontrolado pudiera delatarlos. Otras pueden exhibir comportamientos compensatorios, tocándose la cara con más frecuencia – especialmente la nariz, la boca o el cuello.

La nariz, por cierto, merece atención especial. Estudios sugieren que el acto de mentir puede causar un ligero aumento en la circulación sanguínea en la zona, llevando a algunas personas a frotarse la nariz involuntariamente. Esto no significa que cada vez que alguien se toca la nariz esté mintiendo, pero, dentro de un contexto sospechoso, puede ser un detalle relevante.

Otro indicador valioso es la incongruencia entre el habla y el comportamiento corporal. Si alguien afirma estar seguro de algo, pero su cuerpo transmite señales de tensión – hombros elevados, brazos cruzados o un ligero retroceso al hablar – existe una discordancia que merece ser notada. Lo mismo ocurre con afirmaciones enfáticas seguidas por gestos de duda, como encoger ligeramente los hombros.

La respiración también puede cambiar sutilmente durante una mentira. Pequeños ajustes en el ritmo respiratorio, inspirando de manera más corta o alterando la profundidad de las exhalaciones, son señales de que el cuerpo está reaccionando al estrés de mantener la farsa. En mentiras más elaboradas, donde la persona necesita recordar y articular detalles falsos, se puede notar un aumento de la tensión en la voz. El tono puede subir ligeramente o perder su fluidez habitual, surgiendo pausas innecesarias que indican que la mente está sobrecargada organizando la narrativa.

Los pies, a menudo ignorados en análisis superficiales, pueden ser una de las partes más sinceras del cuerpo. Cuando alguien miente, puede inconscientemente apuntar con los pies en dirección opuesta a su interlocutor, un reflejo primitivo de deseo de fuga. Este detalle puede ser especialmente revelador cuando se contrasta con el resto de la postura: un cuerpo aparentemente tranquilo, pero con pies inquietos, puede estar demostrando un deseo interno de alejarse de esa conversación.

La observación cuidadosa de estas señales, sin embargo, exige paciencia y discernimiento. Ningún comportamiento aislado debe interpretarse como prueba definitiva de mentira. En cambio, es necesario analizar un conjunto de factores y compararlos con el comportamiento habitual de la persona. Por eso es importante conocer su línea base (como se discutió en el Capítulo 12). Una persona naturalmente ansiosa puede presentar señales similares a alguien que miente, pero su comportamiento seguirá un patrón recurrente, mientras que un mentiroso mostrará variaciones específicas solo en el momento de la mentira.

Además de las señales físicas, la estructura del discurso también puede proporcionar indicios importantes. Las respuestas excesivamente elaboradas, llenas de detalles innecesarios, pueden ser un esfuerzo para hacer la historia más convincente. Por otro lado, las respuestas excesivamente cortas y evasivas pueden indicar que la persona está evitando profundizar en su propia mentira.

Otra estrategia útil es la aplicación de preguntas inesperadas. Cuando se le presiona para detallar una historia inventada, el mentiroso puede dudar o proporcionar información inconsistente. La tensión aumenta cuando necesita repetir la misma historia, ya que mantener la coherencia exige un esfuerzo mental considerable.

La detección de mentiras, por lo tanto, no se basa en una única señal inequívoca, sino en el análisis del conjunto de comportamientos y patrones. La clave está en la observación cuidadosa y en la comparación entre el lenguaje corporal habitual de la persona y los cambios sutiles que surgen en contextos específicos. Además, es fundamental considerar el ambiente y las circunstancias de la conversación, ya que factores externos, como el nerviosismo natural o la incomodidad situacional, pueden influir en las reacciones físicas sin necesariamente indicar un intento de engaño. La atención al contexto permite una lectura más precisa y evita interpretaciones precipitadas.

Otro aspecto relevante en la identificación de señales de mentira es la interacción entre los indicios verbales y no verbales. Cuando hay coherencia entre lo que se dice y la forma en que el cuerpo se comporta, la comunicación tiende a ser más auténtica. Sin embargo, cuando surgen contradicciones, como un tono de voz seguro acompañado de gestos vacilantes o una sonrisa forzada seguida de una mirada esquiva, hay un indicio de que algo no está alineado. Esta discrepancia puede ser sutil, pero para un observador atento, se convierte en una pista valiosa. Lo ideal no es solo identificar estas señales, sino comprender su significado dentro del contexto de la conversación y del perfil del interlocutor.

Aunque la mentira pueda ser sofisticada y bien elaborada, el cuerpo siempre encuentra maneras de expresar la verdad. Pequeños gestos, variaciones en el habla y cambios en la postura son fragmentos de un rompecabezas que, cuando se analizan con paciencia y experiencia, revelan información que las palabras intentan ocultar. Sin embargo, más importante que desenmascarar mentiras es desarrollar una percepción aguda de las interacciones humanas, haciendo la comunicación más transparente y significativa. Al fin y al cabo, comprender las señales del cuerpo no es solo una herramienta de detección, sino un camino hacia conexiones más auténticas y empáticas.

Capítulo 23
Microexpresiones Faciales

El rostro humano es un escenario donde las emociones surgen y desaparecen en fracciones de segundo, muchas veces sin que siquiera nos demos cuenta. Las microexpresiones faciales son breves manifestaciones involuntarias que revelan sentimientos verdaderos antes de que el cerebro tenga tiempo de controlarlos. A diferencia de las expresiones faciales comunes, que pueden ser ensayadas o modificadas conscientemente, las microexpresiones son casi imposibles de suprimir. Emergen instantáneamente como reflejos emocionales, traicionando la máscara social que intentamos mantener.

A lo largo de la historia, diversas culturas han intentado interpretar las emociones humanas a través del rostro. Sin embargo, fue apenas en el siglo XX que estudios científicos aportaron evidencias concretas sobre la universalidad de las expresiones faciales. El psicólogo Paul Ekman fue uno de los pioneros en este campo, demostrando que las microexpresiones son comunes a todas las personas, independientemente de su cultura o nacionalidad. Esto significa que sentimientos como la ira, el miedo, el asco, la alegría, la sorpresa y la tristeza se manifiestan de manera similar en el rostro humano, sin importar el idioma hablado o el contexto social.

La importancia de las microexpresiones en la lectura corporal reside en que surgen espontáneamente, escapando al control consciente. Cuando alguien intenta ocultar un sentimiento, como incomodidad o desprecio, puede incluso controlar su lenguaje verbal y sus gestos corporales, pero difícilmente evitará la breve contracción de un músculo facial que delata la verdad. Estas expresiones pasajeras duran menos de medio segundo y, para la mayoría de las personas, pasan desapercibidas. No obstante, para aquellos que entrenan la observación, se convierten en una valiosa herramienta para comprender lo que realmente ocurre en la mente del interlocutor.

La microexpresión de sorpresa, por ejemplo, se caracteriza por ojos muy abiertos, cejas levantadas y boca ligeramente abierta. Esta reacción surge automáticamente cuando alguien es tomado por sorpresa. Sin embargo, si una persona finge sorpresa al recibir una noticia, su expresión puede manifestarse de manera tardía o demasiado prolongada, revelando que la reacción no fue genuina. Del mismo modo, la microexpresión de asco, con la elevación del labio superior y el arrugamiento de la nariz, puede aparecer por un instante cuando alguien escucha algo que le desagrada, aunque intente disimularlo.

La ira, una emoción intensa y frecuentemente reprimida, también puede manifestarse en microexpresiones sutiles. El fruncimiento repentino del ceño, la contracción de la mandíbula y el estrechamiento de los ojos pueden surgir antes de que la persona consiga suavizar su expresión. Al enfrentarse a una situación irritante, alguien puede sonreír diplomáticamente, pero un observador atento puede notar el breve destello de hostilidad antes de que la sonrisa se forme por completo.

El miedo, por su parte, se revela en la tensión de los músculos alrededor de los ojos y en la apertura súbita de la boca. Incluso cuando alguien intenta mantener la calma en una situación de riesgo o incomodidad, la microexpresión de miedo puede escaparse por un instante, delatando su verdadera aprensión. Este tipo de observación puede ser útil en diversas situaciones, desde negociaciones hasta interrogatorios, donde la detección de la emoción real puede proporcionar información valiosa sobre el estado mental de la persona observada.

La alegría auténtica, a diferencia de las sonrisas sociales o forzadas, involucra no solo la boca, sino también los ojos. Las llamadas "patas de gallo" alrededor de los ojos y la elevación de las mejillas indican que la sonrisa es genuina. En cambio, una sonrisa artificial se limita a la boca, sin ninguna implicación de la musculatura ocular, pudiendo indicar un gesto de cortesía o incluso un intento de disimulo.

La tristeza, quizás una de las emociones más difíciles de ocultar, se manifiesta con la caída de las comisuras de los labios, el descenso de las cejas y la leve inclinación de la cabeza hacia abajo. Las personas que intentan parecer fuertes pueden enmascarar su tristeza con expresiones neutras o incluso forzadas, pero un microencogimiento de hombros o una mirada que se desvanece rápidamente hacia abajo pueden delatar su verdadera fragilidad emocional.

Entrenar la percepción de estas microexpresiones exige paciencia y práctica. Como son extremadamente rápidas, a menudo solo pueden percibirse si el observador está atento a pequeños cambios en el rostro del interlocutor. Profesionales como investigadores, negociadores y psicólogos frecuentemente se especializan en esta habilidad, pues la capacidad de identificar emociones no verbalizadas puede ser decisiva en sus áreas de actuación.

No obstante, la interpretación de las microexpresiones siempre debe ser contextualizada. Una expresión momentánea de miedo o ira puede no estar relacionada directamente con la conversación, sino con pensamientos internos de la persona. La lectura correcta exige una combinación de observación y análisis, teniendo en cuenta no solo lo que se ve, sino también el comportamiento general del individuo y el entorno de la interacción.

Además, es importante resaltar que la detección de microexpresiones no debe usarse de manera precipitada para sacar conclusiones definitivas. Son pistas valiosas, pero no pruebas absolutas. La habilidad de percibir estas señales debe ir acompañada de sensibilidad y ética, evitando juicios apresurados o acusaciones infundadas.

La comprensión de las microexpresiones faciales no solo mejora la lectura de las emociones ajenas, sino que también posibilita una mirada más atenta a las propias reacciones involuntarias. Al volvernos más conscientes de nuestras expresiones y de lo que revelan, desarrollamos mayor control sobre la forma en que nos presentamos al mundo, ya sea en interacciones personales, profesionales o incluso en momentos de tensión y toma de decisiones. Este conocimiento permite ajustar la comunicación de manera más auténtica y eficaz, tornando los intercambios interpersonales más transparentes y significativos.

Más allá del aspecto técnico, la habilidad de identificar microexpresiones fortalece la empatía. Al percibir señales sutiles de emociones reprimidas o no verbalizadas, podemos conectar mejor con las personas a nuestro alrededor, demostrando comprensión y acogida incluso cuando las palabras no son suficientes. En contextos de negociación, liderazgo o asesoramiento, esta percepción puede ser un factor diferenciador potente, ayudando a construir confianza y a adaptar enfoques según las reacciones emocionales del interlocutor. Saber cuándo insistir en un argumento o cuándo retroceder puede ser la clave para una comunicación más estratégica y persuasiva.

La lectura de las microexpresiones no se trata solo de detectar mentiras o analizar emociones ajenas, sino de mejorar la forma en que nos relacionamos y comprendemos a los demás. Al desarrollar esta habilidad con sensibilidad y discernimiento, ampliamos nuestra capacidad de conexión humana, haciendo las interacciones más auténticas y profundas. Al fin y al cabo, incluso las emociones más efímeras dejan huellas, y saber interpretarlas nos permite ver más allá de las palabras, accediendo a la verdad oculta en los pequeños gestos que el rostro insiste en revelar.

Capítulo 24
Disimulación y Ocultación

La mentira no se manifiesta solo mediante palabras directas y afirmativas. A menudo, la verdadera estrategia del disimulo no reside en la invención de hechos, sino en la forma en que cierta información se oculta, distorsiona o se deja en segundo plano. La ocultación es un arte sutil, donde la verdad puede estar presente, pero diluida entre omisiones y ambigüedades. Quien busca engañar rara vez inventa historias completamente falsas; eso exige creatividad y un gran esfuerzo para mantener la coherencia. En lugar de eso, los mentirosos hábiles prefieren trabajar con medias verdades, utilizando resquicios y lagunas en el discurso para crear una percepción errónea sin, necesariamente, decir algo que pueda ser fácilmente desmentido.

El disimulo ocurre en todos los niveles de la comunicación humana. En una conversación casual, puede ser tan simple como evitar responder directamente a una pregunta. En contextos más elaborados, como la política o las investigaciones, puede implicar el uso estratégico del lenguaje corporal para desviar la atención o inducir una falsa impresión. Una de las principales características de alguien que oculta la verdad es la renuencia a proporcionar detalles precisos.

Mientras que las personas honestas suelen describir eventos con fluidez y espontaneidad, alguien que tiene algo que ocultar puede dudar, evitar detalles específicos o incluso repetir frases vagas para no comprometerse.

El cuerpo, sin embargo, frecuentemente expone aquello que la mente intenta esconder. Cuando alguien miente por omisión, puede mostrar señales sutiles de incomodidad. Pequeños ajustes en la postura, como cruzar los brazos de manera repentina o inclinar el cuerpo ligeramente hacia atrás, pueden indicar un deseo inconsciente de protegerse de la conversación. El contacto visual también puede sufrir alteraciones: en lugar de desviar completamente la mirada, el disimulador puede mantener una mirada fija y exageradamente atenta, intentando convencer por insistencia.

Las manos suelen desempeñar un papel crucial en este juego de ocultación. En situaciones de nerviosismo, la tendencia natural es gesticular de manera menos fluida. Muchas personas esconden las manos en los bolsillos, cruzan los dedos o incluso sujetan objetos para evitar que sus gestos delaten su inquietud. Otra pista reveladora puede estar en los movimientos sutiles de las manos hacia el rostro, como rascarse la nariz, tocarse la boca o arreglarse el cabello repetidamente; acciones inconscientes asociadas al deseo de bloquear o suavizar la verdad.

El tono de voz también puede proporcionar pistas valiosas. En general, la ocultación genera tensión interna, lo que puede llevar a pequeñas variaciones en el timbre de la voz. Las respuestas pueden darse de manera más pausada, como si la persona estuviera sopesando sus palabras antes de hablar. Un cambio súbito en la velocidad del habla o en la entonación puede indicar un intento de enmascarar incertidumbres o ajustar la narrativa en tiempo real. El silencio estratégico también es una herramienta frecuentemente utilizada. En lugar de responder prontamente, el disimulador puede hacer una pausa antes de hablar, esperando que el interlocutor cambie de tema o acepte una respuesta incompleta.

Otro aspecto fundamental en la detección de la ocultación es el análisis de la coherencia entre las palabras y las expresiones corporales. Si alguien dice que está cómodo, pero mantiene los hombros tensos y la mandíbula apretada, hay una discrepancia entre el discurso y el lenguaje corporal. Pequeños encogimientos de hombros o sonrisas forzadas pueden ser señales de que la persona no está siendo totalmente transparente. Esta incoherencia es especialmente evidente en situaciones de estrés, donde el control sobre la comunicación no verbal se vuelve más difícil.

La sonrisa social es uno de los ejemplos más clásicos de disimulo. A diferencia de la sonrisa genuina, que involucra no solo la boca, sino también los ojos y los músculos faciales, la sonrisa forzada tiende a ser superficial, limitada a la región de la boca. Puede usarse como una máscara para esconder emociones reales, como incomodidad o desagrado. Al observar a alguien que sonríe mientras verbaliza algo negativo o delicado, es posible percibir un intento de suavizar el mensaje o minimizar su impacto emocional.

El disimulo también puede manifestarse a través de la elección cuidadosa de las palabras. Las personas que intentan ocultar algo a menudo usan frases excesivamente genéricas o distantes, evitando referencias directas al asunto principal. El uso de eufemismos, como sustituir palabras fuertes por términos más suaves, también puede ser una indicación de que algo se está omitiendo. En algunos casos, el disimulador puede recurrir a discursos elaborados, llenos de información irrelevante, para desviar la atención de lo que realmente importa.

En el contexto de interrogatorios e investigaciones, se utilizan técnicas específicas para exponer la ocultación. Una de ellas implica la repetición de preguntas en diferentes momentos de la conversación. Si una persona miente por omisión, puede terminar dando versiones ligeramente diferentes de su historia, ya que necesita recordar lo que no dijo anteriormente. Otra estrategia eficaz es hacer preguntas inesperadas, forzando al individuo a salirse del guion mental previamente ensayado. La manera en que la persona reacciona a estas preguntas puede revelar su nivel de incomodidad e inconsistencia.

La ocultación, sin embargo, no siempre es intencional. A menudo, las personas omiten información por inseguridad, miedo o vergüenza. En las relaciones personales, alguien puede ocultar sus verdaderos sentimientos para evitar conflictos o parecer vulnerable. En el ambiente profesional, un empleado puede omitir dificultades en un proyecto para no ser visto como incompetente. En estos casos, las señales de disimulo pueden estar más relacionadas con emociones reprimidas que con un intento consciente de engañar.

La interpretación de estas señales exige sensibilidad y cautela. No todo gesto de inquietud indica ocultación de información; una persona ansiosa puede exhibir las mismas señales de nerviosismo sin estar ocultando nada. Por eso, es esencial considerar el contexto de la conversación y el comportamiento habitual de la persona. Comparar sus reacciones en diferentes situaciones puede ayudar a identificar patrones y variaciones significativas.

La distinción entre disimulo intencional y ocultación involuntaria es fundamental para interpretar correctamente las señales de comunicación. Mientras que algunos ocultan información para manipular o inducir al error, otros lo hacen por miedo al juicio o para evitar confrontaciones. Comprender esta diferencia puede evitar equívocos y juicios precipitados. El verdadero desafío no reside solo en detectar señales de disimulo, sino en entender las motivaciones que hay detrás de ellas. Esto exige una mirada atenta y empática, que vaya más allá de la superficie y considere los factores emocionales y contextuales que influyen en la comunicación.

La lectura del disimulo no debe usarse como un mecanismo de acusación, sino como una herramienta para comprender mejor las intenciones y emociones del interlocutor. En muchas situaciones, la ocultación puede superarse con enfoques que estimulen la confianza y reduzcan la necesidad de ocultar información. Crear un ambiente seguro para la conversación puede revelar verdades que, de otro modo, permanecerían encubiertas. En investigaciones y negociaciones, por ejemplo, la paciencia y la escucha activa pueden llevar a una persona a abrirse gradualmente, revelando aquello que inicialmente intentó omitir.

    El disimulo es parte inherente de la comunicación humana, utilizada tanto para la protección como para la manipulación. Saber identificarlo no significa solo reconocer mentiras, sino comprender mejor los matices de la interacción social. Al desarrollar esta percepción, es posible establecer conexiones más auténticas, evitando malentendidos y fortaleciendo relaciones basadas en la transparencia. Después de todo, la verdad puede ser encubierta por palabras y gestos, pero siempre deja rastros para aquellos que saben dónde buscar.

Capítulo 25
Detección de Mentiras

La habilidad de detectar mentiras es un arte refinado que exige atención, paciencia y, sobre todo, un ojo entrenado para los detalles. Contrario a lo que muchos imaginan, no existe una única señal definitiva que revele una mentira. No hay un gesto aislado, un cambio específico en la voz o un patrón infalible que delate el disimulo. La verdadera detección de la mentira reside en la observación de un conjunto de señales que, analizadas en contexto, apuntan a incongruencias entre lo que se dice y lo que el cuerpo expresa.

Los expertos en comportamiento humano entienden que mentir es una actividad cognitivamente exigente. El cerebro necesita construir una narrativa coherente, asegurarse de que los detalles estén alineados y, al mismo tiempo, controlar las señales no verbales que pueden delatar el engaño. Este esfuerzo mental adicional a menudo resulta en pequeños deslices, pausas inesperadas y microexpresiones que escapan antes de que la persona logre suprimirlas. Son estos indicios, sutiles pero reveladores, los que sirven como pistas para aquellos que saben dónde buscar.

La observación de la línea base es el primer paso fundamental para detectar mentiras. Cada individuo tiene un patrón natural de comportamiento, y cualquier desviación de ese patrón puede ser una señal de que algo está fuera de lo común. Alguien que normalmente gesticula mucho al hablar, pero que de repente se vuelve contenido y rígido durante una declaración, puede estar intentando controlar sus movimientos para evitar revelar nerviosismo. Del mismo modo, una persona que suele mantener un contacto visual fluido, pero que empieza a desviar la mirada en momentos estratégicos de la conversación, puede estar procesando información falsa en tiempo real.

Entre las señales más comunes de disimulo se encuentran las microexpresiones involuntarias. Cuando alguien miente, puede exhibir por un instante emociones contradictorias a su discurso. Un destello de miedo antes de afirmar inocencia, un ligero fruncimiento de ceño al intentar parecer calmado o una sonrisa que se deshace más rápido de lo normal son pequeños indicios de que existe un conflicto interno entre la verdad y lo que se está verbalizando. Estas expresiones duran menos de un segundo, lo que las hace difíciles de identificar sin entrenamiento, pero son una de las pistas más fiables para percibir una mentira.

Otro aspecto importante en la detección de la mentira es el análisis de la coherencia entre el discurso y el lenguaje corporal. Si una persona dice estar tranquila, pero mantiene los puños cerrados y los hombros elevados, hay una clara desconexión entre lo que se está diciendo y lo que el cuerpo expresa. Movimientos de retroceso, como inclinarse hacia atrás o cruzar los brazos después de una pregunta difícil, pueden indicar un deseo inconsciente de distanciarse del asunto. Pequeños gestos de autoconfort, como frotarse las manos, tocarse la cara repetidamente o juguetear con el cabello, también pueden ser señales de tensión emocional resultante de la necesidad de sostener una mentira.

El uso de las manos durante el habla es un indicador especialmente revelador. Las personas que dicen la verdad suelen gesticular de manera natural, alineando sus movimientos al ritmo del habla. En cambio, los mentirosos pueden presentar gestos contenidos o descoordinados, ya que la mente está enfocada en controlar la narrativa, dejando los movimientos más mecánicos. En algunos casos, la falta de gesticulación puede ser un intento de evitar que se perciban señales de nerviosismo. En otros, hay un exceso de gestos que enfatizan la propia credibilidad, como golpearse el pecho al afirmar algo o levantar repetidamente las manos en señal de supuesta franqueza.

La voz también sufre alteraciones cuando alguien miente. Cambios sutiles en el tono, la velocidad del habla o el volumen pueden indicar estrés o intento de manipulación. Algunas personas aceleran el ritmo de las palabras para pasar rápidamente por información incómoda, mientras que otras hacen pausas demasiado largas, como si estuvieran eligiendo cada palabra con extremo cuidado. Tartamudear o corregir frases a mitad del discurso puede ser un reflejo del esfuerzo mental necesario para sostener la mentira y evitar contradicciones.

Los pies, a menudo ignorados en análisis superficiales, pueden ser uno de los delatores más fiables de la mentira. Movimientos inquietos, cambios súbitos de posición o el acto de apuntar los pies hacia una salida son señales de que la persona desea terminar la conversación o huir de la situación. Este deseo de evasión es un reflejo inconsciente de incomodidad y puede ser especialmente útil para detectar cuándo alguien se siente amenazado por su propia mentira.

La elección de las palabras también puede ofrecer pistas valiosas. Los mentirosos tienden a evitar declaraciones directas y pueden recurrir a frases vagas, como "creo que fue así" o "hasta donde yo recuerdo". Además, pueden exagerar el uso de expresiones de refuerzo, como "para ser sincero" o "lo juro por todo", en un intento de convencer al interlocutor de su credibilidad. Otra estrategia común es repetir las preguntas antes de responderlas, un recurso utilizado para ganar tiempo y formular una respuesta convincente.

El método más eficaz para detectar mentiras combina la observación de múltiples señales simultáneamente. Un único gesto de nerviosismo puede ser irrelevante, pero si va acompañado de pausas largas, cambios en el tono de voz y una mirada evasiva, el conjunto de estos elementos aumenta la probabilidad de que algo se esté ocultando. Los profesionales que manejan interrogatorios, como policías e investigadores, utilizan técnicas específicas para provocar reacciones espontáneas, como preguntas inesperadas o la reformulación sutil de la misma pregunta para observar discrepancias en la respuesta.

Sin embargo, incluso los mejores observadores pueden cometer errores al interpretar señales de mentira. El estrés, la timidez y la ansiedad pueden generar comportamientos similares a los de alguien que está escondiendo algo, haciendo esencial considerar el contexto antes de sacar conclusiones. Acusar a alguien basándose únicamente en el lenguaje corporal puede ser peligroso e injusto, ya que cada persona reacciona de forma diferente a la incomodidad.

La detección de la mentira no se trata solo de encontrar a quien está engañando, sino de entender mejor la dinámica de la comunicación humana. Muchas veces, las personas mienten no para engañar deliberadamente, sino para protegerse, evitar conflictos o suavizar situaciones delicadas. Comprender los mecanismos del disimulo permite no solo identificar mentiras, sino también desarrollar un enfoque más empático y estratégico en la forma en que tratamos con los demás.

La habilidad de detectar mentiras, por lo tanto, va más allá de simplemente señalar inconsistencias o identificar señales de nerviosismo. Se trata de una lectura cuidadosa del contexto, del historial de comportamiento del interlocutor y de la congruencia entre el discurso y la expresión corporal. Más que una herramienta para confrontar o desenmascarar a alguien, esta percepción puede usarse para mejorar la comunicación, promoviendo interacciones más transparentes y constructivas. Al fin y al cabo, no toda omisión o vacilación significa mala intención; a veces, reflejan simplemente inseguridad o miedo al juicio.

El verdadero valor de la detección de la mentira reside en su aplicación estratégica. Líderes, negociadores, psicólogos e investigadores pueden beneficiarse de esta habilidad para interpretar mejor las emociones e intenciones de las personas con las que interactúan. Al percibir señales de incomodidad o inconsistencias, es posible reformular enfoques, hacer preguntas más asertivas o crear un ambiente donde la verdad pueda emerger naturalmente. Más que buscar la exposición de la mentira, el objetivo debe ser comprender por qué alguien siente la necesidad de disimular y cómo afecta eso a la dinámica de la comunicación.

Al final, el arte de detectar mentiras es, sobre todo, el arte de entender a las personas. Saber cuándo confiar, cuándo cuestionar y cuándo profundizar en una conversación son habilidades que pueden fortalecer relaciones y evitar malentendidos. La verdad, a menudo, está entre líneas, y aquellos que saben observar los detalles pueden acceder a un nivel más profundo de percepción humana. En un mundo donde las palabras no siempre reflejan la realidad, la capacidad de ver más allá de lo que se dice se convierte en una ventaja poderosa.

Capítulo 26
Interpretación Cautelosa

La lectura del lenguaje corporal, cuando se aplica sin la debida cautela, puede llevar a conclusiones precipitadas e incluso a juicios erróneos. La idea de que es posible determinar con absoluta certeza si alguien está mintiendo u ocultando información solo observando su comportamiento es una equivocación. Aunque el cuerpo a menudo revela emociones e intenciones que las palabras intentan esconder, es esencial comprender que muchas de las señales interpretadas como indicadores de engaño también pueden ser resultado de otros factores, como estrés, ansiedad o rasgos individuales de personalidad.

La interpretación del lenguaje corporal siempre debe considerar el contexto. Una persona que desvía la mirada durante una conversación puede estar mintiendo, pero también puede ser simplemente tímida o introvertida. Cruzar los brazos puede indicar una actitud defensiva, pero también puede ser solo una posición cómoda para la persona en ese momento. Las expresiones faciales de tensión no son exclusivas de quien está ocultando algo; pueden reflejar preocupación por un problema personal que no tiene ninguna relación con el tema de la conversación. El error más común al analizar la comunicación no verbal es la generalización excesiva, donde se asume que un solo gesto o expresión siempre tiene el mismo significado en todas las situaciones.

Para evitar interpretaciones erróneas, es esencial observar la línea base conductual del individuo antes de sacar cualquier conclusión. Cada persona tiene un patrón propio de expresiones, gestos y posturas que se manifiestan naturalmente cuando está relajada y en un ambiente neutro. Cualquier cambio significativo en relación a este patrón puede indicar una alteración emocional, pero el motivo exacto de ese cambio necesita ser analizado con cuidado. Un observador entrenado nunca hace suposiciones basándose en una sola señal; en lugar de eso, busca patrones de comportamiento e inconsistencias a lo largo de toda la interacción.

Otro factor que puede llevar a errores de interpretación es la influencia cultural. En diferentes partes del mundo, las expresiones faciales, los gestos e incluso el contacto visual pueden tener significados distintos. En algunas culturas, evitar la mirada directa es señal de respeto, mientras que en otras puede ser interpretado como deshonestidad. Del mismo modo, el contacto físico entre interlocutores puede ser una señal de cercanía en ciertos contextos, pero ser visto como invasivo o inadecuado en otros. Ignorar estas diferencias puede llevar a malentendidos, especialmente en interacciones multiculturales donde las normas sociales pueden ser bastante distintas.

La emoción juega un papel fundamental en la forma como se manifiesta el lenguaje corporal. El miedo, por ejemplo, puede confundirse con la culpa, especialmente en situaciones de alta presión, como interrogatorios o entrevistas. Alguien puede mostrar señales clásicas de estrés —respiración acelerada, manos sudorosas, mirada inquieta— simplemente porque está nervioso por la situación, y no porque esté ocultando algo. Las personas ansiosas pueden exhibir señales que, en otro contexto, podrían interpretarse como intentos de disimulo. Esto muestra que la interpretación del lenguaje corporal no puede hacerse de manera aislada; debe complementarse con un análisis cuidadoso del contexto emocional y situacional.

Además del contexto externo, es importante considerar factores internos que pueden influir en el lenguaje corporal de una persona. La fatiga, por ejemplo, puede hacer que alguien parezca desinteresado o distante, cuando en realidad solo está cansado. Las enfermedades físicas también pueden afectar la postura y los gestos, creando una falsa impresión de incomodidad o inseguridad. Incluso el nivel de familiaridad entre los interlocutores puede alterar la forma en que se manifiesta la comunicación no verbal. Una persona puede parecer más reservada y formal al hablar con un desconocido, pero ser extremadamente expresiva y espontánea entre amigos.

Los mitos populares sobre la lectura corporal también contribuyen a interpretaciones erróneas. Una de las equivocaciones más comunes es la creencia de que quien miente siempre desvía la mirada. Los estudios demuestran que esto no es verdad; muchas personas que están mintiendo logran mantener el contacto visual de forma convincente. De la misma forma, el mito de que cruzar los brazos siempre indica cierre emocional ignora el hecho de que esta postura puede ser simplemente una posición cómoda o un reflejo del ambiente alrededor (por ejemplo, una habitación fría puede llevar a alguien a cruzar los brazos para calentarse).

La lectura del lenguaje corporal debe basarse en evidencias y no en estereotipos. Los mejores observadores son aquellos que saben hacer preguntas estratégicas y analizar las respuestas junto con las señales no verbales. En situaciones donde hay sospecha de ocultación de información, lo ideal no es confiar ciegamente en un solo gesto o expresión, sino conducir la conversación de manera que se observen patrones de comportamiento a lo largo del tiempo. Si una persona presenta signos de nerviosismo al responder a una pregunta específica, un método eficaz puede ser reformular la cuestión más adelante y observar si la reacción se repite.

El tiempo también es un factor crucial en el análisis del lenguaje corporal. Las reacciones espontáneas tienden a ser más auténticas que las respuestas elaboradas. Un pequeño retraso en la respuesta o un momento de vacilación antes de responder puede ser una señal de que la persona está procesando la información o construyendo una narrativa. Sin embargo, las pausas también pueden ocurrir por motivos legítimos, como la necesidad de recordar un detalle o encontrar las palabras adecuadas para expresar un pensamiento. La diferencia entre un simple momento de reflexión y una señal de disimulo radica en la repetición del comportamiento a lo largo de la interacción.

La confianza excesiva en el lenguaje corporal como único método de detección de mentiras puede llevar a errores graves. Ningún gesto o expresión, por sí solo, es prueba definitiva de engaño. Incluso los profesionales experimentados cometen errores si no consideran el contexto más amplio. La lectura correcta de la comunicación no verbal debe verse como una herramienta complementaria y no como un veredicto absoluto.

El enfoque más eficaz para interpretar el lenguaje corporal con precisión es adoptar una postura de escepticismo saludable. Esto significa no sacar conclusiones precipitadas y siempre buscar más información antes de formar un juicio. Preguntas abiertas, observación continua y la capacidad de ajustar la interpretación conforme surgen nuevas informaciones son habilidades esenciales para cualquier persona que desee desarrollar una mirada más aguda para las señales del cuerpo.

Comprender que el lenguaje corporal no es una ciencia exacta, sino un conjunto de pistas que deben analizarse conjuntamente, permite una aplicación más responsable de este conocimiento. La lectura corporal, cuando se hace con discernimiento, puede ayudar a mejorar la comunicación interpersonal, fortalecer relaciones e incluso evitar conflictos. Sin embargo, cuando se utiliza de manera superficial o dogmática, puede convertirse en una fuente de malentendidos y juicios injustos.

La verdadera maestría en la interpretación del lenguaje corporal no reside solo en la capacidad de identificar gestos o expresiones, sino en la sensibilidad para reconocer sus matices y variaciones. Al observar una reacción no verbal, el observador atento no se limita a catalogarla como un indicio aislado de un estado emocional específico; la inserta en un panorama más amplio, teniendo en cuenta aspectos como la historia personal del individuo, la situación en la que se encuentra e incluso factores ambientales momentáneos. Este enfoque permite que el análisis vaya más allá de las suposiciones superficiales, reduciendo el margen de error y haciendo la comunicación más empática y eficaz.

Además, considerar la interacción entre diferentes señales y la forma como evolucionan a lo largo de la conversación puede revelar patrones significativos. El comportamiento humano no es estático, e incluso las reacciones inconscientes pueden ser moduladas por el desarrollo de la interacción. Una respuesta inicialmente evasiva puede volverse más abierta con el tiempo, de la misma forma que un gesto aparentemente tranquilizador puede esconder, en realidad, un esfuerzo por enmascarar una incomodidad. La habilidad de percibir estas transiciones e interpretar la comunicación no verbal como un fenómeno dinámico es un diferencial para aquellos que desean aplicar este conocimiento de manera responsable y precisa.

Al reconocer que el lenguaje corporal no es un código fijo, sino un reflejo multifacético de la complejidad humana, se abre espacio para una comprensión más profunda y menos sesgada de las interacciones. Evitar juicios precipitados y abrazar un análisis cuidadoso, contextual y flexible no solo perfecciona la lectura de las señales no verbales, sino que también promueve relaciones más auténticas y equilibradas. De esta forma, el verdadero objetivo de la observación del lenguaje corporal no es solo identificar posibles incongruencias, sino comprender mejor a las personas en su totalidad, respetando sus singularidades y las circunstancias que moldean su comunicación.

Capítulo 27
Práctica Diaria

La lectura del lenguaje corporal no es solo una habilidad teórica, sino una competencia que se desarrolla con la observación continua y la práctica constante. Al igual que cualquier otro conocimiento, solo la exposición repetida a diferentes contextos y personas permite que el observador refine su percepción y aumente su precisión en la interpretación de las señales no verbales. El verdadero aprendizaje no ocurre solo al absorber información, sino al ponerla en práctica, probando hipótesis y comparando las reacciones observadas con los significados ya conocidos.

La práctica diaria de la lectura corporal comienza con la atención plena al entorno y a las interacciones cotidianas. Pequeños cambios en la postura, gestos, expresiones faciales y en el tono de voz de las personas alrededor ofrecen un vasto campo de estudio, incluso en las situaciones más triviales. Observar a amigos, compañeros de trabajo, familiares o incluso a desconocidos en lugares públicos puede ser un ejercicio valioso para identificar patrones de comportamiento. Cuanto más entrena el observador su percepción, más fácil se vuelve reconocer cuándo algo se sale de lo esperado y puede indicar emociones ocultas o intenciones disfrazadas.

Una de las formas más eficaces de mejorar la lectura corporal es elegir un aspecto específico en el que centrarse en cada interacción. En una conversación, por ejemplo, se puede prestar atención solo a las expresiones faciales del interlocutor, sin preocuparse inicialmente por los gestos o la postura. En otro momento, se puede enfocar exclusivamente en los movimientos de las manos o en la cadencia de la voz. Este método segmentado permite que el cerebro se acostumbre a registrar e interpretar información no verbal sin sobrecarga, haciendo la práctica más natural con el tiempo.

El uso de los medios de comunicación como herramienta de entrenamiento también puede ser un gran aliado. Ver programas de entrevistas, debates o incluso películas sin sonido e intentar interpretar las emociones e intenciones de los personajes solo por el lenguaje corporal es un ejercicio que agudiza la percepción. Especialmente en entrevistas televisivas, donde los participantes están bajo presión y necesitan mantener una imagen pública, a menudo surgen microexpresiones y pequeños gestos que contradicen sus palabras. Comparar las expresiones de los entrevistados con sus respuestas verbales puede ser una excelente forma de probar la propia capacidad para detectar incongruencias.

Otra práctica útil es observarse a uno mismo. Muchas veces, estamos tan enfocados en interpretar a los demás que olvidamos que también transmitimos señales no verbales todo el tiempo. El uso de espejos o grabaciones puede ayudar a identificar patrones propios de postura, gestos y expresiones faciales. Comprender cómo reacciona el propio cuerpo ante diferentes emociones y situaciones facilita la identificación de esas mismas señales en otras personas. Además, la conciencia del propio lenguaje corporal permite ajustes estratégicos para mejorar la comunicación y la presencia en interacciones importantes.

Los lugares públicos ofrecen oportunidades invaluables para entrenar la observación sin interferencias. En cafés, transportes públicos o plazas, es posible notar la dinámica corporal de las personas sin necesidad de interactuar directamente con ellas. La manera en que alguien se sienta, la forma en que sostiene un teléfono o incluso la postura al caminar pueden revelar mucho sobre su estado emocional. Alguien sentado con los hombros curvados y la cabeza baja puede estar desanimado o cansado, mientras que otro que gesticula ampliamente y sonríe puede estar animado o involucrado en una conversación estimulante.

La lectura corporal en interacciones sociales también puede mejorarse con el uso de preguntas estratégicas. Probar la reacción de un interlocutor al cambiar de tema o hacer una pregunta inesperada puede revelar señales sutiles de interés, incomodidad o incluso mentira. Observar cómo responde alguien físicamente a ciertos temas permite ajustar el enfoque para obtener mejores respuestas y hacer la comunicación más eficaz.

Además, la repetición de interacciones con las mismas personas a lo largo del tiempo ayuda a crear una base de datos personal sobre sus líneas base. Si un compañero de trabajo normalmente es expresivo y hablador, pero un día determinado está más cerrado y evita el contacto visual, esto puede indicar una alteración en su estado emocional. Estas variaciones pueden proporcionar insights valiosos sobre el humor y las preocupaciones de los demás, permitiendo respuestas más empáticas y ajustadas a la situación.

La paciencia es un elemento esencial en la práctica diaria de la lectura corporal. No siempre las señales son obvias, y la prisa por sacar conclusiones puede llevar a errores. Algunos cambios de comportamiento pueden ser causados por factores momentáneos, como cansancio o distracción, y no necesariamente indican algo más profundo. El buen observador aprende a distinguir patrones consistentes de variaciones temporales, evitando interpretaciones apresuradas y superficiales.

La experimentación controlada también puede ser una herramienta poderosa para refinar la lectura corporal. Modificar intencionalmente la propia postura, expresión o tono de voz en interacciones y observar las reacciones de las personas alrededor puede ayudar a entender cómo diferentes señales no verbales afectan la comunicación. Por ejemplo, adoptar una postura más abierta y relajada en una conversación puede hacer que el interlocutor sea más receptivo, mientras que un tono de voz más bajo y pausado puede transmitir más autoridad o seriedad.

Otro ejercicio valioso es el registro de observaciones en un diario de lectura corporal. Anotar comportamientos notables observados a lo largo del día, junto con el contexto y las posibles interpretaciones, puede ayudar a consolidar el aprendizaje. Revisar estas anotaciones periódicamente permite identificar patrones y verificar si las hipótesis iniciales eran correctas. Con el tiempo, esta práctica mejora la capacidad de reconocimiento rápido de señales y reduce el margen de error en las interpretaciones.

En el entorno profesional, la lectura corporal puede integrarse en el día a día para mejorar negociaciones, entrevistas y reuniones. Observar las reacciones de colegas o clientes durante una propuesta puede proporcionar pistas sobre su receptividad incluso antes de que verbalicen una opinión. Pequeñas señales de vacilación, como tocarse la cara o evitar responder directamente, pueden indicar dudas o preocupaciones que aún no han sido expresadas. Saber identificar estos momentos y ajustar el enfoque puede ser una ventaja competitiva importante.

En las relaciones personales, la práctica continua de la lectura corporal puede fortalecer conexiones y evitar malentendidos. Notar cuándo un amigo o pareja está incómodo, incluso sin decir nada, permite abordar cuestiones de forma más sensible y empática. De la misma manera, comprender las propias señales no verbales y cómo afectan a los demás puede hacer la comunicación más clara y eficaz.

La verdadera maestría en la lectura corporal no proviene de un único método o técnica, sino de la integración de diversas prácticas a lo largo del tiempo. Cuanto más se observa, se prueba y se analiza, más refinada se vuelve la capacidad de descifrar lo que el cuerpo comunica más allá de las palabras. El aprendizaje no tiene un fin definitivo; siempre hay nuevos matices por descubrir y nuevas situaciones que desafían la percepción.

La mejora continua de la lectura corporal exige no solo práctica, sino también una mentalidad abierta y flexible. A medida que el observador se familiariza con diferentes expresiones y gestos, percibe que la comunicación no verbal es un campo vasto, donde cada individuo aporta variaciones únicas basadas en su personalidad, cultura y experiencias. De esta forma, en lugar de buscar respuestas absolutas, el verdadero experto aprende a hacer mejores preguntas, refinando su percepción con base en la experiencia acumulada. La lectura corporal, entonces, se convierte menos en una búsqueda de fórmulas y más en un ejercicio constante de adaptación y sensibilidad.

Con el tiempo, la práctica consistente transforma la lectura corporal en un recurso natural e intuitivo. El observador ya no necesita analizar conscientemente cada detalle, pues su cerebro comienza a reconocer patrones e incongruencias de manera automática. Esto permite que la comunicación se vuelva más fluida y estratégica, ya sea en la vida personal o profesional. La capacidad de percibir pequeñas señales de incomodidad o interés antes de que sean verbalizadas proporciona una ventaja significativa, tanto en la construcción de relaciones interpersonales como en la toma de decisiones más informadas.

Sin embargo, la verdadera maestría no se mide solo por la precisión en la interpretación de las señales, sino también por la responsabilidad en su uso. El conocimiento del lenguaje corporal debe servir para fortalecer la comunicación, promover la empatía y facilitar interacciones más auténticas, y no como una herramienta para la manipulación o juicios precipitados. La práctica diaria, por lo tanto, no es solo una cuestión de observación, sino de mejora de la inteligencia emocional y del respeto por el otro, haciendo de cada interacción una oportunidad de aprendizaje y conexión genuina.

Capítulo 28
Vida Profesional

El lenguaje corporal es una herramienta poderosa en el entorno profesional, capaz de influir en percepciones, construir autoridad y facilitar negociaciones. La forma en que una persona se presenta, se mueve e interactúa puede determinar su credibilidad y eficiencia en la comunicación. Aunque muchos profesionales se centran exclusivamente en el contenido verbal de sus mensajes, aquellos que dominan la comunicación no verbal consiguen transmitir confianza, empatía y liderazgo sin necesidad de muchas palabras. En el mundo corporativo, donde las primeras impresiones y las dinámicas interpersonales son cruciales, la lectura y el control del lenguaje corporal se convierten en habilidades indispensables.

El primer aspecto a considerar en el contexto profesional es la postura. Una postura alineada, con hombros rectos y cabeza erguida, comunica autoridad y confianza, mientras que una postura curvada o retraída puede transmitir inseguridad o desinterés. La manera en que alguien ocupa el espacio también influye en la percepción de los demás. Individuos que utilizan gestos expansivos y se posicionan de forma abierta tienden a ser vistos como más dominantes y autoconfiados, mientras que aquellos que mantienen brazos y piernas cruzados pueden parecer cerrados o defensivos.

El apretón de manos sigue siendo uno de los momentos más simbólicos de la comunicación profesional. Un apretón firme, pero no excesivamente fuerte, demuestra seguridad y cordialidad. En cambio, un apretón flojo puede dar una impresión de fragilidad o falta de compromiso. La duración del contacto también importa: apretones muy rápidos pueden parecer apresurados y desinteresados, mientras que contactos excesivamente prolongados pueden causar incomodidad. Observar la reacción del interlocutor ayuda a calibrar la intensidad y la adecuación del gesto.

El contacto visual es otro factor esencial. En reuniones y presentaciones, mantener la mirada firme y comprometida indica atención y respeto. Sin embargo, hay un equilibrio que mantener. Miradas excesivamente fijas pueden ser interpretadas como intimidación, mientras que evitar el contacto visual puede sugerir falta de confianza o transparencia. Lo ideal es un contacto visual intermitente, alternando entre la mirada directa y pequeñas pausas para no generar incomodidad.

Los gestos desempeñan un papel crucial en la comunicación de ideas. Profesionales que utilizan las manos de manera controlada y expresiva durante el habla suelen ser percibidos como más dinámicos y persuasivos. Sin embargo, gesticular excesivamente o de forma descoordinada puede causar distracción y disminuir la credibilidad. Gestos que refuerzan las palabras, como movimientos sutiles que acompañan el ritmo del habla, aumentan la claridad de la comunicación. En cambio, gestos que no tienen relación con el discurso pueden parecer aleatorios y debilitar el mensaje transmitido.

La expresión facial también tiene un gran impacto en las interacciones profesionales. Un semblante neutro puede ser interpretado como falta de entusiasmo, mientras que una sonrisa genuina genera conexión y empatía. Expresiones tensas, como cejas fruncidas o labios contraídos, pueden transmitir preocupación o impaciencia, aunque la persona no verbalice esos sentimientos. Mantener una expresión abierta y receptiva crea un ambiente más positivo y colaborativo.

El uso adecuado del espacio físico también influye en la percepción en el entorno laboral. Personas que ocupan su espacio de manera cómoda, sin encogerse ni expandirse en exceso, transmiten equilibrio y confianza. En reuniones, inclinarse ligeramente hacia adelante al escuchar a un colega sugiere interés, mientras que retroceder abruptamente puede indicar desinterés o desacuerdo. La manera en que alguien se posiciona en la mesa o en la sala puede señalar su disposición a colaborar o liderar.

El tono de voz, aunque parte de la comunicación verbal, conlleva elementos no verbales esenciales. La velocidad, el volumen y la entonación del habla afectan la manera en que se recibe el mensaje. Hablar de forma clara y pausada transmite seguridad, mientras que un tono vacilante o muy bajo puede indicar inseguridad. Variaciones en la entonación hacen el habla más interesante, mientras que un tono monótono puede desinteresar a la audiencia. En negociaciones y presentaciones, controlar el ritmo y la modulación de la voz puede aumentar significativamente el impacto de las palabras.

La capacidad de leer el lenguaje corporal de colegas y superiores es una ventaja estratégica en el entorno corporativo. Observar señales sutiles de acuerdo o vacilación permite ajustar enfoques y argumentos en tiempo real. Si un cliente cruza los brazos o inclina el cuerpo hacia atrás durante una propuesta, puede estar demostrando resistencia o duda. Identificar estas señales tempranamente permite redirigir la conversación, aclarar puntos o reforzar argumentos antes de que una objeción se vuelva definitiva.

La dinámica del lenguaje corporal también se manifiesta en la jerarquía corporativa. Líderes eficaces utilizan posturas asertivas y gestos controlados para establecer presencia e inspirar confianza. Un líder que se mantiene abierto y accesible, haciendo contacto visual y demostrando escucha activa, promueve un ambiente de trabajo colaborativo. Por otro lado, un líder que evita la mirada, mantiene posturas cerradas o se posiciona de forma distante puede crear barreras en la comunicación con su equipo.

El reflejo sutil (mirroring) es una técnica eficaz para crear rapport en interacciones profesionales. Ajustar discretamente la postura, los gestos y el tono de voz para reflejar los del interlocutor puede generar una sensación inconsciente de conexión y entendimiento. Esta estrategia es especialmente útil en negociaciones, donde establecer un clima de sintonía puede facilitar acuerdos. Sin embargo, el reflejo debe hacerse de manera natural y espontánea, ya que imitaciones exageradas pueden parecer artificiales o manipuladoras.

La percepción del lenguaje corporal también ayuda a evitar conflictos en el entorno laboral. Muchas discusiones surgen no por el contenido verbal de las conversaciones, sino por la manera en que se conducen. Expresiones faciales de desdén, gestos impacientes o posturas que indican desinterés pueden generar resentimiento y malentendidos. Ser consciente de las propias señales no verbales y ajustarlas para mantener un tono neutro o conciliador puede evitar escaladas innecesarias de tensión.

En el contexto de entrevistas de trabajo, el lenguaje corporal desempeña un papel determinante en la impresión que causa el candidato. Además de las respuestas verbales, los reclutadores evalúan señales como postura, contacto visual y gestos. Un candidato que mantiene una postura confiada, mira a los ojos del entrevistador y responde con gestos controlados transmite credibilidad y profesionalismo. Por otro lado, inquietud excesiva, evitar el contacto visual o mantener los brazos cruzados puede dar la impresión de nerviosismo o falta de preparación.

La lectura corporal también es útil para evaluar la receptividad de una audiencia durante presentaciones o reuniones. Si los oyentes demuestran señales de implicación, como inclinarse hacia adelante, hacer pequeñas afirmaciones con la cabeza o mantener contacto visual atento, significa que el mensaje está siendo bien recibido. En cambio, señales como desvío constante de la mirada, brazos cruzados o inquietud sugieren desinterés o resistencia. Reconocer estas señales permite ajustar el enfoque, ya sea haciendo la presentación más dinámica o abordando directamente eventuales dudas y preocupaciones del público.

La aplicación del lenguaje corporal en el entorno profesional no se limita a cómo se transmite autoridad y confianza, sino también a la capacidad de adaptación y lectura de las situaciones. Un profesional atento no solo proyecta una imagen fuerte y coherente, sino que también percibe matices en los comportamientos ajenos, ajustando sus estrategias de comunicación según sea necesario. Esta sensibilidad permite identificar oportunidades de compromiso, anticipar desafíos y construir relaciones más sólidas y productivas. El verdadero diferencial radica en la habilidad de equilibrar asertividad con empatía, garantizando que su presencia sea percibida como influyente, pero también accesible.

Además, la lectura precisa de la comunicación no verbal puede transformar la manera en que se toman decisiones y se resuelven conflictos. Una negociación exitosa, por ejemplo, no depende solo de argumentos racionales, sino de la capacidad de percibir sutilezas en el comportamiento del otro lado. Pequeñas señales de vacilación o incomodidad pueden indicar resistencia oculta, permitiendo ajustes estratégicos antes de que ocurra una negativa definitiva. De la misma manera, un líder que entiende el lenguaje corporal de su equipo consigue reconocer señales de desmotivación o estrés antes de que se conviertan en problemas evidentes, posibilitando intervenciones más eficaces.

Dominar el lenguaje corporal en el entorno profesional es un proceso continuo de aprendizaje y refinamiento. Cada interacción trae nuevas oportunidades para probar, observar y perfeccionar esta habilidad, haciendo la comunicación más auténtica y estratégica. Más que un diferencial competitivo, comprender y utilizar el lenguaje corporal con inteligencia y ética contribuye a un ambiente de trabajo más armonioso y colaborativo, donde la claridad, el respeto y la empatía se convierten en pilares esenciales para el crecimiento individual y colectivo.

Capítulo 29
Vida Social

El lenguaje corporal es una fuerza invisible que moldea la forma en que nos conectamos con los otros. En el ambiente social, donde las palabras a menudo son insuficientes para expresar completamente lo que sentimos, los gestos, expresiones y posturas desempeñan un papel determinante en la calidad de las interacciones. A diferencia del entorno profesional, donde la comunicación no verbal se utiliza estratégicamente para construir credibilidad e influencia, en la vida social opera de manera más instintiva, regulando conexiones emocionales y fortaleciendo lazos interpersonales. Entender estas señales, tanto las emitidas como las recibidas, permite interacciones más auténticas, ayuda a evitar malentendidos y crea una sintonía más profunda entre las personas.

La manera en que nos presentamos visual y corporalmente influye inmediatamente en la percepción de los demás. Una postura abierta y relajada transmite accesibilidad e interés, mientras que una postura cerrada, como brazos cruzados u hombros curvados, puede sugerir desinterés o incomodidad. En el contexto de interacciones sociales, pequeños ajustes en la postura pueden marcar una gran diferencia en cómo somos recibidos. Inclinarse ligeramente hacia adelante mientras se conversa demuestra implicación, mientras que mantener una distancia excesiva puede crear barreras invisibles entre los interlocutores. El espacio personal varía según el contexto y la cultura, pero la lectura atenta de las reacciones del otro permite ajustes naturales para que la interacción ocurra de forma armoniosa.

El contacto visual es uno de los factores más poderosos en la construcción de la confianza y en la creación de lazos interpersonales. En conversaciones casuales, mantener una mirada equilibrada demuestra interés y respeto. Sin embargo, es necesario encontrar un término medio entre la mirada excesiva, que puede interpretarse como intimidante, y el contacto visual escaso, que puede dar una impresión de inseguridad o desinterés. La mirada intermitente, combinando momentos de contacto directo con breves desvíos, mantiene la fluidez de la comunicación y evita incomodidades. Además, observar la dilatación de las pupilas del interlocutor puede proporcionar pistas sutiles sobre su nivel de implicación emocional.

Las expresiones faciales reflejan emociones con un nivel de sinceridad que las palabras no siempre alcanzan. Una sonrisa genuina, por ejemplo, ilumina no solo la boca, sino también los ojos, creando la llamada sonrisa de Duchenne, asociada a sentimientos auténticos de alegría y conexión. En cambio, sonrisas forzadas o que no involucran la musculatura ocular pueden interpretarse como señales de incomodidad o mera formalidad. Durante una conversación, cambios sutiles en las expresiones pueden indicar momentos de empatía, sorpresa o vacilación, y percibir estos matices permite ajustar el tono de la interacción.

Los gestos con las manos también desempeñan un papel importante en la comunicación social. Movimientos naturales y espontáneos refuerzan la autenticidad de lo que se dice, mientras que gestos excesivamente calculados pueden parecer ensayados o artificiales. Los patrones gestuales varían de persona a persona, y aprender a identificar el estilo de gesticulación del interlocutor ayuda a interpretar mejor sus emociones e intenciones. Manos abiertas y vueltas hacia arriba suelen indicar transparencia y receptividad, mientras que manos cerradas u ocultas pueden sugerir reserva o incomodidad.

La sincronía corporal, o reflejo (mirroring), ocurre de forma inconsciente cuando hay sintonía entre dos personas. Cuando estamos en armonía con alguien, tendemos a imitar sutilmente su postura, ritmo del habla y gestos, creando un reflejo inconsciente de la interacción. Esta técnica puede usarse de forma consciente para establecer rapport y fortalecer vínculos sociales. Pequeñas imitaciones, como adoptar una postura similar o ajustar el tono de voz al del interlocutor, crean una sensación de familiaridad y empatía. Sin embargo, el reflejo necesita ocurrir de manera natural y espontánea, ya que imitaciones muy evidentes pueden parecer forzadas e incluso causar extrañeza.

El lenguaje corporal también ayuda a detectar desinterés o incomodidad en interacciones sociales.

Cuando alguien comienza a desviar el cuerpo lejos del interlocutor, evita contacto visual prolongado o presenta gestos de impaciencia, como mirar repetidamente el celular o mover los pies inquietamente, hay un indicio de que la conversación puede no estar siendo interesante. Estas señales sutiles permiten ajustar el enfoque, cambiando de tema o concluyendo la interacción de manera cortés antes de que se vuelva desgastante.

Los toques físicos son otro aspecto fundamental de la comunicación social, pero su significado depende fuertemente del contexto y de la relación entre los interlocutores. Toques leves en el brazo o en la espalda pueden reforzar la conexión en una conversación amistosa, mientras que toques excesivos o inesperados pueden percibirse como invasivos. La lectura del lenguaje corporal del otro, especialmente la reacción inmediata al toque, ayuda a calibrar este tipo de interacción para que sea apropiada y bien recibida.

La manera en que nos movemos en un entorno social también comunica mensajes sutiles. Caminar de manera confiada y con una postura erguida sugiere seguridad y apertura a interacciones, mientras que pasos vacilantes o movimientos retraídos pueden indicar incomodidad o inseguridad. En eventos sociales, la forma en que una persona se desplaza e interactúa con diferentes grupos revela mucho sobre su disposición a involucrarse activamente en la dinámica del ambiente.

Los cambios en el lenguaje corporal a lo largo de una interacción pueden indicar alteraciones en el estado emocional de una persona. Si alguien comienza una conversación de manera animada, pero con el tiempo se vuelve más contenido y evita gesticular, esto puede señalar un cambio de humor o un nivel creciente de incomodidad. Estar atento a estas señales permite reaccionar de manera apropiada, ya sea dando espacio al interlocutor o ajustando el tono de la conversación para hacerla más interesante.

Las diferencias individuales también desempeñan un papel en la lectura del lenguaje corporal en interacciones sociales. Algunas personas naturalmente utilizan más gestos y expresiones faciales, mientras que otras tienden a ser más contenidas. Conocer el estilo comunicativo de cada individuo ayuda a interpretar sus señales correctamente y a evitar conclusiones precipitadas. Lo que puede parecer frialdad o desinterés en una persona puede ser simplemente un rasgo de personalidad más reservada.

La lectura del lenguaje corporal también puede aplicarse en contextos de relaciones amorosas, donde las señales no verbales frecuentemente expresan más que las palabras. El nivel de proximidad física, el contacto visual prolongado y gestos sutiles, como inclinarse hacia el otro o tocar levemente la cara o el cabello, pueden indicar interés y atracción. Por otro lado, señales como alejamiento corporal, falta de contacto visual y posturas cerradas pueden sugerir desinterés o incomodidad.

El autoconocimiento es un aspecto esencial de la comunicación social eficaz. Estar consciente del propio lenguaje corporal permite ajustarlo para transmitir los mensajes deseados y evitar señales que puedan ser mal interpretadas. Pequeños ajustes, como mantener una postura más abierta, sonreír de manera auténtica y demostrar interés genuino por el interlocutor, marcan una gran diferencia en cómo somos percibidos por los demás.

La riqueza del lenguaje corporal en la vida social no está solo en su capacidad de transmitir mensajes, sino también en la forma en que fortalece las conexiones humanas. Pequeños gestos, como una sonrisa genuina o un leve inclinar de cabeza durante una conversación, pueden transformar interacciones casuales en momentos significativos. Cuando nos volvemos más atentos a estas señales, no solo interpretamos mejor las intenciones ajenas, sino que también ajustamos nuestra propia comunicación para crear un ambiente más acogedor y armonioso. La autenticidad, por lo tanto, es la clave para que el lenguaje corporal sea un aliado en la construcción de relaciones más profundas y satisfactorias.

Además de la percepción del otro, la conciencia sobre la propia comunicación no verbal posibilita interacciones más equilibradas e intencionales. Al percibir cómo nuestro cuerpo refleja emociones y pensamientos, podemos evitar transmitir mensajes erróneos y reforzar la claridad de nuestras intenciones. Esto se vuelve especialmente relevante en momentos de conflicto o incomodidad, donde posturas defensivas o expresiones de impaciencia pueden intensificar malentendidos. Ajustar el lenguaje corporal para expresar receptividad y empatía ayuda a desarmar tensiones y facilita un diálogo más productivo.

Comprender el lenguaje corporal en la vida social no significa solo descifrar gestos y expresiones, sino desarrollar una mirada más atenta y sensible a las emociones y necesidades de los otros. La comunicación eficaz va más allá de las palabras y se fundamenta en la escucha activa, en el respeto al espacio ajeno y en la habilidad de crear conexiones auténticas. Cuando nos volvemos más conscientes de las señales que emitimos y recibimos, fortalecemos nuestras relaciones y hacemos nuestras interacciones más naturales y placenteras, creando lazos que trascienden lo verbal y se fundamentan en la verdadera comprensión mutua.

Capítulo 30
El Lenguaje del Líder

La comunicación no verbal es una de las herramientas más poderosas en el liderazgo. Grandes líderes no son solo aquellos que saben hablar bien, sino aquellos que saben posicionarse, transmitir confianza e inspirar a su equipo sin necesidad de muchas palabras. La forma en que un líder se mueve, la postura que adopta, el contacto visual que establece e incluso los pequeños gestos que realiza tienen un impacto significativo en cómo es percibido. El liderazgo va más allá de lo que se dice; se manifiesta en la presencia que se construye, en la autoridad silenciosa que se impone y en la manera en que el lenguaje corporal refleja seguridad, credibilidad y empatía.

La postura de un líder es el primer elemento que transmite su posición de autoridad. Mantenerse erguido, con los hombros alineados y la barbilla ligeramente elevada, proyecta una imagen de autoconfianza y control. Una postura firme, sin rigidez excesiva, comunica equilibrio y estabilidad, cualidades esenciales para alguien que necesita inspirar y guiar a otras personas. Líderes inseguros o poco preparados suelen exhibir posturas retraídas, con hombros curvados o movimientos vacilantes, lo que puede comprometer la forma en que son percibidos. La forma en que el cuerpo ocupa el espacio circundante también influye en la impresión que causa un líder. Posicionarse de manera expansiva, sin exageraciones, demuestra dominio y presencia. En cambio, posturas cerradas, como cruzar los brazos o mantener las manos en los bolsillos, pueden sugerir desinterés o defensividad.

El contacto visual es uno de los aspectos más determinantes en la comunicación de un líder. Mirar directamente a las personas al hablar transmite confianza y compromiso. Un líder que mantiene contacto visual equilibrado mientras se comunica establece una conexión más fuerte con su equipo, asegurando que su mensaje sea recibido con atención y respeto. Sin embargo, el contacto visual debe ser natural e intermitente; una mirada fija y prolongada puede percibirse como intimidante, mientras que evitar la mirada puede indicar falta de confianza o desconexión. El secreto está en mantener un equilibrio, alternando momentos de mirada directa con pausas sutiles para crear un flujo natural en la interacción.

Los gestos de un líder deben ser asertivos y coherentes con su mensaje. Movimientos de las manos que acompañan el discurso de forma fluida y equilibrada refuerzan la claridad de la comunicación. Un líder que habla con gestos firmes y precisos es percibido como más seguro y convincente. Por el contrario, gesticulaciones excesivas pueden desviar la atención del mensaje, mientras que la ausencia de gestos puede hacer que la comunicación parezca fría o distante. Pequeños ajustes en los movimientos pueden marcar una gran diferencia. Mostrar las palmas de las manos, por ejemplo, transmite apertura y transparencia, mientras que señalar frecuentemente a las personas puede interpretarse como un gesto agresivo.

La expresión facial de un líder debe reflejar coherencia emocional. El rostro humano es un espejo de las emociones internas, y un líder eficaz sabe utilizar sus expresiones para reforzar su mensaje. Una sonrisa genuina puede hacer un ambiente más acogedor y accesible, incentivando la colaboración y la confianza dentro del equipo. En cambio, una expresión neutra o excesivamente seria puede crear una barrera emocional, dificultando la conexión con los liderados. El equilibrio entre seriedad y accesibilidad es fundamental: un líder que sonríe en los momentos adecuados demuestra empatía y proximidad, pero también necesita saber adoptar una expresión firme y determinada cuando la situación exige autoridad.

El tono de voz, aunque forma parte de la comunicación verbal, conlleva elementos no verbales que impactan directamente en la percepción del liderazgo. Un líder que habla con claridad, variando la entonación para enfatizar puntos importantes, mantiene la atención de su equipo y refuerza su credibilidad. El volumen de la voz también es relevante: hablar demasiado bajo puede demostrar inseguridad, mientras que un tono muy alto puede percibirse como agresivo. Lo ideal es mantener una proyección de voz firme y bien modulada, transmitiendo confianza sin parecer impositivo. Pausas estratégicas durante el discurso crean impacto y permiten que el mensaje sea asimilado con más eficacia.

La forma en que un líder se mueve dentro de un entorno también comunica su presencia e influencia. Caminar con pasos firmes y ritmo moderado transmite determinación y control. Movimientos apresurados o vacilantes pueden sugerir ansiedad o falta de dirección. En interacciones directas, acercarse de forma equilibrada, respetando el espacio personal de los interlocutores, crea un ambiente de confianza y colaboración. El posicionamiento dentro de una sala también influye en la dinámica de la comunicación. Un líder que se posiciona de frente a su equipo, sin barreras físicas entre ellos, transmite accesibilidad y disposición al diálogo.

La escucha activa es una de las habilidades más importantes para cualquier líder, y el lenguaje corporal desempeña un papel crucial en este proceso. Demostrar atención a lo que el otro dice, asintiendo con la cabeza en momentos apropiados y manteniendo el cuerpo ligeramente inclinado hacia adelante, refuerza el interés genuino por la conversación. Expresiones faciales que reflejan comprensión y empatía ayudan a crear un ambiente donde los liderados se sienten escuchados y valorados. Por el contrario, un líder que desvía la mirada constantemente, cruza los brazos o mantiene una postura rígida puede dar la impresión de desinterés o impaciencia.

El reflejo (mirroring), cuando se utiliza de forma sutil, puede fortalecer la conexión entre el líder y su equipo. Ajustar discretamente la postura y los gestos para reflejar el lenguaje corporal del interlocutor crea una sensación de sintonía y comprensión mutua. Esta técnica, cuando se aplica con naturalidad, genera proximidad sin parecer manipuladora. Sin embargo, es importante que el reflejo ocurra de manera espontánea, ya que imitaciones forzadas pueden percibirse como artificiales y generar el efecto opuesto.

La gestión de conflictos es uno de los momentos donde el lenguaje corporal de un líder se vuelve aún más crucial. Durante una situación tensa, mantener la postura abierta y el tono de voz controlado ayuda a reducir la tensión y facilita la resolución del problema. Expresiones faciales neutras, sin demostrar reacciones exageradas, transmiten imparcialidad y profesionalismo. Además, la elección del posicionamiento físico puede influir en el desarrollo del conflicto: estar sentado al lado de la persona, en lugar de directamente frente a ella, puede reducir la sensación de confrontación y facilitar un enfoque más conciliador.

El liderazgo también se refleja en la forma en que un líder reconoce y motiva a su equipo. Pequeños gestos, como un apretón de manos firme o un toque en el hombro en momentos de reconocimiento, pueden fortalecer el vínculo entre líder y liderados. Expresiones faciales de aprobación y gestos de incentivo, como un asentimiento positivo, refuerzan la valoración del trabajo del equipo. Por el contrario, la falta de expresividad o la ausencia de reconocimiento no verbal puede desmotivar y crear distanciamiento.

El impacto del lenguaje corporal en el liderazgo no se limita solo a las interacciones presenciales. Incluso en reuniones virtuales, la postura frente a la cámara, el contacto visual simulado y los gestos moderados influyen en la forma en que un líder es percibido. Mantenerse visible en la pantalla, evitar movimientos excesivos y utilizar expresiones faciales adecuadas contribuyen a una comunicación eficaz, incluso a distancia.

Un líder eficaz comprende que la comunicación no verbal es tan importante como las palabras que elige. Su postura, expresiones y gestos no solo refuerzan su mensaje, sino que también moldean la cultura y el ambiente del equipo. El lenguaje corporal del líder define la forma en que es percibido: una postura abierta transmite accesibilidad, mientras que la firmeza en la mirada y en los gestos comunica seguridad. Pequeños detalles, como un apretón de manos confiado o una expresión de aliento, pueden fortalecer la motivación de los liderados y crear un ambiente donde todos se sientan valorados y comprometidos.

Además, la coherencia entre el lenguaje verbal y no verbal es esencial para consolidar la credibilidad del líder. Discursos motivacionales pierden su impacto si van acompañados de gestos vacilantes o una postura cerrada. De la misma manera, un tono de voz seguro y pausado puede reforzar la autoridad de un líder durante situaciones difíciles. En momentos de conflicto, la forma en que un líder se posiciona físicamente, respeta el espacio de los otros y mantiene la calma influye directamente en la manera en que su equipo reacciona y enfrenta desafíos. El liderazgo eficaz exige equilibrio entre firmeza y empatía, garantizando que los mensajes transmitidos inspiren confianza y respeto.

Un gran líder no se define solo por sus palabras, sino por la presencia que proyecta y por la manera en que hace sentir a las personas. Dominar el lenguaje corporal no significa solo demostrar autoridad, sino también crear conexiones genuinas y fortalecer la comunicación interpersonal. Cuando un líder se vuelve consciente del impacto de sus gestos y expresiones, se convierte no solo en un guía para su equipo, sino en una verdadera fuente de inspiración. Después de todo, el liderazgo eficaz no se impone, se conquista a través de la confianza, del ejemplo y de la capacidad de comunicarse de forma auténtica y poderosa.

Capítulo 31
Crecimiento Continuo

El dominio de la lectura corporal no es un destino final, sino un viaje de aprendizaje continuo. El lenguaje no verbal es complejo, fluido y altamente influenciado por el contexto, lo que significa que siempre hay más que observar, más que entender y más que mejorar. Incluso los mayores expertos en el área nunca cesan su evolución, pues cada interacción humana presenta nuevos desafíos y matices que exigen una mirada atenta y adaptable. El crecimiento en esta habilidad no depende solo del conocimiento teórico, sino de la práctica diaria, de la capacidad de cuestionar interpretaciones y de la disposición a aprender de cada experiencia vivida.

La percepción del lenguaje corporal se refina con el tiempo, a medida que el observador desarrolla su sensibilidad para captar cambios sutiles en gestos, expresiones y posturas. Al principio, la atención puede centrarse en señales más obvias, como sonrisas, brazos cruzados o contacto visual. Con el paso del tiempo, sin embargo, la mirada se vuelve más aguda, capaz de percibir microexpresiones fugaces, variaciones en la respiración o pequeños ajustes en la postura que pueden indicar incomodidad, interés o disimulación. El avance ocurre gradualmente, y la paciencia es uno de los factores más importantes en el proceso.

El registro sistemático de las observaciones puede acelerar el desarrollo de esta habilidad. Mantener un diario de lenguaje corporal, anotando comportamientos percibidos a lo largo del día, puede ayudar a identificar patrones y verificar la precisión de las interpretaciones. Al revisar anotaciones anteriores y compararlas con los desarrollos de las situaciones observadas, el individuo puede probar su propia capacidad para predecir emociones o intenciones basándose en señales no verbales. Esta práctica también ayuda a evitar uno de los errores más comunes entre principiantes: el juicio precipitado.

La interpretación del lenguaje corporal nunca debe basarse en un único gesto aislado, sino en la observación de un conjunto de señales dentro de un contexto más amplio. La búsqueda de feedback también es una manera eficaz de mejorar la lectura corporal. Preguntar a amigos, familiares o compañeros de trabajo sobre sus percepciones en determinadas situaciones puede revelar discrepancias entre lo que se observó y lo que realmente pasaba por la mente de la otra persona. Este ejercicio permite ajustar interpretaciones y entender mejor cómo diferentes individuos expresan emociones de manera única. Cada persona posee un estilo propio de comunicación no verbal, y lo que puede parecer una señal de incomodidad en una persona puede ser solo un rasgo habitual de comportamiento en otra.

La ampliación del repertorio de interacciones también es fundamental para el crecimiento continuo.

Observar el lenguaje corporal en diferentes contextos — desde reuniones formales hasta encuentros casuales, eventos sociales o incluso conversaciones informales en lugares públicos— ofrece una visión más completa de las diversas formas de expresión humana. La exposición a diferentes culturas, estilos de comunicación y dinámicas interpersonales contribuye a la construcción de un conocimiento más refinado y menos sujeto a sesgos personales.

La adaptación es otro pilar esencial en el desarrollo de la lectura corporal. Ninguna técnica es absoluta, y ninguna interpretación es infalible. La flexibilidad para reconsiderar análisis y ajustar percepciones de acuerdo con nuevos datos es lo que diferencia a un observador atento de alguien que confía ciegamente en reglas fijas. La mente humana es compleja, y el lenguaje corporal refleja esa complejidad de manera impredecible. En algunas situaciones, una sonrisa puede realmente indicar felicidad genuina; en otras, puede ser un escudo para enmascarar inseguridad o incomodidad. El secreto está en reconocer la fluidez de estas manifestaciones y evitar la trampa de las interpretaciones rígidas.

La práctica de ejercicios específicos puede fortalecer aún más la capacidad de decodificación del lenguaje corporal. Uno de los ejercicios más eficaces es ver videos de entrevistas o discursos públicos y analizar la coherencia entre las palabras y los gestos de los participantes. Observar a políticos, empresarios o figuras públicas mientras hablan puede revelar cómo el lenguaje corporal influye en la credibilidad de un mensaje. El desafío es identificar momentos en que el cuerpo parece contradecir el discurso verbal, como una afirmación de confianza acompañada de un gesto de incertidumbre.

Otro ejercicio útil es intentar predecir el estado emocional de una persona antes de que verbalice cualquier sentimiento. Al observar a un amigo o colega antes de una conversación, es posible evaluar su postura, respiración y expresiones faciales para intentar deducir si está animado, cansado, ansioso o concentrado. Este tipo de práctica entrena la percepción y ayuda a validar la propia intuición con base en señales concretas.

El autoconocimiento también desempeña un papel fundamental en el crecimiento continuo. Cuanto más comprende una persona su propio lenguaje corporal, más fácilmente consigue percibir e interpretar el de los demás. Grabarse en video durante una presentación o ensayar diferentes posturas y gestos frente al espejo puede revelar aspectos de la comunicación no verbal que normalmente pasan desapercibidos. Ajustar la propia postura, tono de voz y expresiones faciales de manera consciente mejora la claridad de la comunicación y permite una interacción más eficaz con los otros.

La paciencia es un factor esencial para el desarrollo de la lectura corporal. Ningún observador se convierte en experto de la noche a la mañana, y el progreso ocurre en pequeños avances acumulados a lo largo del tiempo. Cuanto más natural sea la práctica, más eficaz será el aprendizaje. Forzar la observación o intentar analizar cada pequeño gesto de manera compulsiva puede llevar a interpretaciones erróneas e incluso a una ansiedad innecesaria en interacciones sociales. Lo ideal es permitir que el conocimiento se integre gradualmente en lo cotidiano, convirtiéndose en una segunda naturaleza en lugar de una preocupación constante.

La ética en el uso de la lectura corporal también debe ser siempre tenida en cuenta. Utilizar este conocimiento para manipular o inducir comportamientos puede ser perjudicial y poco ético. La verdadera utilidad del lenguaje corporal reside en la construcción de relaciones más auténticas, en la mejora de la comunicación interpersonal y en la capacidad de comprender mejor las emociones y necesidades de los demás. Observar sin juzgar, interpretar sin condenar y utilizar este conocimiento de forma empática son principios esenciales para garantizar que la lectura corporal sea una herramienta de conexión y no de control.

El aprendizaje continuo también puede enriquecerse mediante el estudio de nuevas investigaciones y materiales sobre comportamiento humano. Libros, artículos científicos, cursos y conferencias sobre psicología, neurociencia y comunicación no verbal ofrecen nuevas perspectivas y profundizan el conocimiento sobre cómo las expresiones y gestos son procesados por el cerebro humano. La ciencia del lenguaje corporal está en constante evolución, y aquellos que desean convertirse en maestros en el arte de la observación deben seguir los avances y descubrimientos en el área.

La lectura corporal, cuando se desarrolla con dedicación e inteligencia, se convierte en una habilidad transformadora. Permite comprender mejor a las personas alrededor, fortalecer relaciones, evitar conflictos y mejorar la propia comunicación. Pero su verdadero valor reside en la conexión humana que posibilita. Ver más allá de las palabras, captar emociones no dichas e interpretar lo que se esconde en los detalles sutiles del comportamiento es un privilegio que amplía la percepción del mundo y de las personas que en él habitan.

La verdadera maestría en la lectura corporal no se trata solo de identificar gestos o expresiones, sino de desarrollar una sensibilidad genuina para entender las emociones e intenciones detrás de cada movimiento. A medida que esta habilidad evoluciona, el observador percibe que el lenguaje no verbal no es un código fijo, sino un flujo dinámico de señales que varían según el contexto y la individualidad de cada persona. Este crecimiento continuo no exige solo conocimiento, sino también empatía y disposición para ver más allá de las apariencias. Cuanto más se practica, más refinada se vuelve la percepción, permitiendo interacciones más auténticas y profundas.

Además, el viaje de aprendizaje en la lectura corporal no debe encararse como una búsqueda de certezas absolutas, sino como una mejora constante de la intuición y del entendimiento humano. Los errores forman parte del proceso, y cada interpretación equivocada ofrece una oportunidad de aprendizaje. Lo más importante no es la perfección en el análisis, sino la disposición a ajustar percepciones y adaptarse a nuevas informaciones. El verdadero observador no solo lee las señales del cuerpo, sino que aprende a leer también entre líneas las emociones, comprendiendo que cada individuo tiene su propia forma de expresarse.

El crecimiento continuo en la lectura corporal no es solo una cuestión técnica, sino un ejercicio de humanidad. Al comprender mejor a los otros, desarrollamos también una mayor conciencia sobre nosotros mismos y sobre el impacto de nuestra propia comunicación. Esta habilidad, cuando se usa con ética y sensibilidad, fortalece lazos, mejora la convivencia y nos permite navegar por el mundo con una mirada más atenta y generosa. Después de todo, más que descifrar gestos, el verdadero arte de la lectura corporal reside en reconocer y respetar la complejidad y la belleza de la expresión humana.

Epílogo

Al cerrar este libro, algo permanece abierto. No se trata solo de páginas leídas, conceptos comprendidos o técnicas asimiladas. Lo que acabas de experimentar es una travesía silenciosa por territorios que antes parecían invisibles. Cada gesto, cada mirada, cada inclinación corporal revelada a lo largo de esta lectura ha sembrado semillas en tu percepción. Y ahora, lo que florece es una nueva forma de ver: más profunda, más consciente, más real.

Fuiste invitado a salir del piloto automático de la comunicación. Fuiste guiado, capítulo a capítulo, por un lenguaje que siempre estuvo presente, pero que pocos se permiten descifrar. El cuerpo humano, con su sabiduría ancestral y precisión instintiva, se reveló como un mapa emocional. Un mapa que no solo señala caminos para entender al otro, sino también para acceder a dimensiones ocultas de ti mismo.

A lo largo de esta obra, aprendiste a observar más allá de lo que se dice. A escuchar el silencio. A traducir las señales. A reconocer la coherencia o la ruptura entre el discurso y el cuerpo. Y, lo más importante, aprendiste a respetar el contexto, la cultura y la singularidad de cada ser humano. Porque la verdadera maestría en la lectura corporal no nace del juicio, sino de la comprensión empática.

No hay fin en el arte de la percepción. La lectura corporal no es un destino, sino un proceso: vivo, dinámico y continuo. Así como las emociones cambian, los comportamientos también se transforman. Lo que hoy reconoces como una señal, mañana podrá ser una invitación a repensar, a observar de nuevo, con más sensibilidad y menos prisa. Después de todo, ver profundamente exige práctica, humildad y presencia.

Quizás la mayor revelación de este viaje sea esta: el cuerpo dice aquello que el alma no se atreve a decir. Cada expresión inconsciente, cada movimiento involuntario, lleva el eco de verdades guardadas. Al reconocer estos fragmentos de autenticidad, te acercas al otro con más compasión —y a ti mismo con más valentía.

En este punto de la lectura, el conocimiento ya no pertenece solo al intelecto. Se instala en tu escucha. Vive en tu mirada. Habita tu postura cuando entras en una sala. Se manifiesta en tu pausa ante una reacción. Respira junto con el otro en una conversación difícil. Te acompaña, silenciosamente, como un guía interno.

Y ahora, te corresponde practicar lo que ha sido despertado. En los entornos profesionales, esta sabiduría será una aliada poderosa: negociaciones, entrevistas, liderazgos y equipos adquirirán nuevos matices. Serás capaz de anticipar incomodidades, reforzar la confianza, construir autoridad con naturalidad. Más que hablar bien, sabrás comunicarte con entereza.

En la vida personal, los vínculos se volverán más auténticos. Percibirás lo que nunca fue dicho con palabras. Sentirás, en la mirada de un amigo, aquello que intenta esconder con una sonrisa. Ofrecerás consuelo sin necesidad de hablar. Dirás "estoy aquí" con la presencia del cuerpo, incluso en el silencio. Esa es la belleza de lo no verbal: conecta sin exigir performance.

Y en ti mismo, podrás aplicar las lecciones más poderosas. Ajustar tu propia postura para sentirte más confiado. Reconocer tus señales de tensión antes de que el estrés se manifieste. Identificar tus gestos de inseguridad y, con gentileza, acoger las emociones detrás de ellos. El cuerpo se convierte, entonces, en un instrumento de autoconocimiento y autorregulación.

Pero recuerda: observar no es vigilar. Interpretar no es controlar. Y conocer el lenguaje corporal no es manipularlo, es honrarlo. Porque cada gesto trae una historia, cada mirada carga una intención, y cada silencio es una oportunidad de escuchar lo que está más allá de la superficie.

Este libro termina, pero tu camino apenas está comenzando. La próxima conversación que tengas, el próximo apretón de manos, el próximo cruce de miradas... todo eso ya no será lo mismo. Llevarás contigo el poder de percibir lo invisible. De posicionarte con más verdad. De construir relaciones más humanas.

Y cuando, en algún momento de la vida, alguien te mire y diga: "Me entiendes, incluso sin que yo diga nada" —sabrás que el viaje valió la pena.

Sigue observando. Sigue aprendiendo. Sigue escuchando al cuerpo —el tuyo y el de los demás.

Porque, mientras haya emoción, habrá expresión. Y mientras haya expresión, habrá algo que revelar.

www.ingramcontent.com/pod-product-compliance
Lightning Source LLC
LaVergne TN
LVHW040053080526
838202LV00045B/3612